Cómo oír, escuchar y validar:

Atraviesa las barreras invisibles y transforma tus relaciones

Por Patrick King
Entrenador de interacción y conversación social en

www.PatrickKingConsulting.com

Tabla de contenidos

CÓMO OÍR, ESCUCHAR Y VALIDAR: *ATRAVIESA LAS BARRERAS INVISIBLES Y TRANSFORMA TUS RELACIONES* — 3

TABLA DE CONTENIDOS — 5

CAPÍTULO 1. LA VALIDACIÓN COMO UNA HABILIDAD COMUNICACIONAL — 7

POR QUÉ LA VALIDACIÓN ES TAN IMPORTANTE — 16
POR QUÉ LA VALIDACIÓN NO ES LO MISMO QUE LA EMPATÍA — 21
VALIDACIÓN, UNA DE LAS FORMAS MÁS CLARAS DE EXPRESAR QUE ALGO TE IMPORTA — 24
VALIDACIÓN DE LA MANERA CORRECTA EN EL MOMENTO CORRECTO — 30

CAPÍTULO 2. VALIDACIÓN. LOS PASOS BÁSICOS — 38

LA VALIDACIÓN COMO UNA ACEPTACIÓN COMUNICATIVA — 38
CÓMO VALIDAR A ALGUIEN. EL ESQUEMA — 46

CAPÍTULO 3. INVALIDACIÓN Y AUTOVALIDACIÓN — 70

¿QUÉ ES LA INVALIDACIÓN? — 73
RECONOCIENDO LA INVALIDACIÓN — 76
SER UN BUEN COMUNICADOR: CÓMO EVITAR INVALIDAR A OTROS — 79
SUPERANDO LA INVALIDACIÓN — 90

CAPÍTULO 4. VALIDACIÓN Y CONFLICTOS — 101

LA VALIDACIÓN NO ES ESTAR DE ACUERDO — 103
VALIDACIÓN EN MEDIO DE DESACUERDOS — 109
VALIDACIÓN EN CASOS DE CONFLICTO — 119

CAPÍTULO 5. EMPATÍA: MÁS ALLÁ DE LA VALIDACIÓN — 127

LA VALIDACIÓN CARA A CARA CON LA EMPATÍA — 128
DESARROLLANDO EMPATÍA — 133

CAPÍTULO 6. COMUNICACIÓN EMPÁTICA — 151

COMUNICACIÓN EMPÁTICA — 152
ESCUCHA EMPÁTICA — 164

GUÍA DE ENSEÑANZAS — 177

Capítulo 1. La Validación como una habilidad comunicacional

Imagina a una pareja teniendo una discusión un día, algo que rápidamente se intensifica. Es algo como esto:

A: "entonces el doctor me llamó y dijo que ya tenía los resultados de mi prueba..."

B: "oh dios, ¿cuál fue el resultado?"

A: "bueno, dijeron que todo está bien. La primera prueba solo fue una casualidad, aparentemente. No hay nada de qué preocuparse".

B: "¿qué? ¡Eso es genial! ¡Me alegra escuchar eso! Debes estar aliviada..."

A: "bueno... de hecho no lo sé..."

B: *"¿no te sientes aliviada?"*

A: *"es difícil de explicar. Supongo que estoy un poco... ¿desilusionada? Suena extraño. Pero creo que esperaba un resultado alarmante. Casi siento como una decepción... Sé que suena tonto..."*

B: *"en serio es tonto. Estás loca. No sabes lo afortunada que eres. Deberíamos salir y celebrar".*

A: *"¿podemos no hacerlo? No estoy de ánimos..."*

B: *"¿qué te pasa? Estás siendo ridícula. No querrás decir que deseas que el resultado hubiese sido positivo, ¿o sí? Eso está de locos..."*

Y así. ¿Puedes imaginar que A siga tratando de explicar cómo se sentía realmente, mientras B rechaza toda la idea como algo bizarro, o incluso molestándose un poco y juzgando a A por no estar agradecida o emocionada? Considera cómo hubiese sido la conversación de otra manera:

A: *"entonces el doctor me llamó y dijo que ya tenía los resultados de mi prueba..."*

B: *"oh dios, ¿cuál fue el resultado?"*

A: *"bueno, dijeron que todo está bien. La primera prueba solo fue una casualidad, aparentemente. No hay nada de qué preocuparse".*

B: *"¿qué? ¡Eso es genial! ¡Me alegra escuchar eso! Debes estar aliviada..."*

A: *"bueno... de hecho no lo sé..."*

B: *"¿no te sientes aliviada?"*

A: *"es difícil de explicar. Supongo que estoy un poco... ¿desilusionada? Suena extraño. Pero creo que esperaba un resultado alarmante. Casi siento como una decepción... Sé que suena tonto..."*

B: *"no, no es tonto. ¿Puedes explicarme qué quieres decir? Estoy bastante aliviada de que estés bien, pero pareces un poco insegura..."*

A: *"sí... no lo sé... quizás ya me había preparado mentalmente para que fuese positivo..."*

B: *"cuéntame más".*

Imagina la conversación ahora moviéndose a un lugar donde A explica cómo se siente y por qué, con B escuchando muy de cerca, no para discutir o argumentar contra los sentimientos de A, sino para entenderla mejor y apoyarla, incluso si parecía algo extraño.

¿Cuál es la diferencia en la segunda conversación? La respuesta es validación.

En este libro, vamos a indagar en el poder de la validación: lo que es, lo que no es, y cómo puede ser usada para profundizar las relaciones, fomentar la empatía y mejorar la comunicación.

La validación es algo que parece fácil de entender a nivel conceptual, pero puede ser algo sutil y difícil de comprender en la vida real. Al tratar de entender lo que es la validación, puede ser útil saber lo que *no es*.

En la primera conversación, la actitud de B era desdeñada. Al dirigirse a A como tonta, loca y ridícula, el mensaje era claro: la manera en la que A se sentía (y por extensión, A como tal) estaba mal. De hecho, B pregunta "¿qué te pasa?", y luego procede a decir cómo *debería* sentirse A. Claro, este es un ejemplo extremo (¡B definitivamente es un tarado en este escenario!), pero podemos ver claramente el espíritu de la invalidación.

Cuando invalidamos a alguien, negamos su experiencia. Contradecimos a la persona, le quitamos autoridad, dudamos de ella, estamos en desacuerdo con ella o la juzgamos. Le decimos que lo que sienten o perciben está mal, erróneo, es inútil o indeseable. Le decimos que por lo que están pasando no es realmente justificable, legítimo o "lógico". Algunas veces podemos actuar como si la manera en que se sienten viola una realidad objetiva y que deberían avergonzarse de lo que sienten. Para resumir, la invalidación se trata de **no aceptar** a la persona frente a nosotros como es.

Cuando invalidamos a alguien, a lo que podríamos estar respondiendo es su realidad emocional, sus pensamientos, discurso, comportamiento, creencia, perspectivas o ideas; pero, en el proceso podemos más o menos invalidarlos como individuos. Hay una línea muy fina entre decir "tu reacción es demasiado" y decir "*tú eres demasiado*".

Podría parecer que la invalidación es algo bastante agresivo de hacer, pero en realidad, las invalidaciones pueden ser pequeñas e incluso pueden tomar el aspecto de una preocupación genuina o un intento de ayuda. Por ejemplo, muchos padres les dicen a sus asustados hijos que no sean tontos, y que no hay nada que temer. Aunque intentan ayudar, el mensaje que el niño escucha es "estás mal de alguna manera". Si *no deben* asustarse, pero *lo están*, ¿qué dice eso de ellos?

De igual manera, consideremos estas afirmaciones pequeñas, pero sin embargo igual de invalidadoras:

"¿Te gusta la mayonesa con tus papas fritas? Qué raro".

"¡Oye, no lo tomes tan personal!"

"¿Estás molesto por tu estresante trabajo? ¿Qué hay de la gente que ni siquiera *tiene* trabajos? ¿Cómo crees que se sienten?

"No estás siendo muy razonable, cálmate un poco".

"Muchas personas dicen que no quieren hijos, pero cambiarás de parecer, ¡solo espera!"

Aunque todos hemos sido receptores de afirmaciones como las de arriba, o quizás incluso hayamos dicho eso a otros, es difícil simplemente señalar lo invalidadoras que pueden ser. ¿Qué falta en las expresiones de arriba? ¿Qué hace que se sientan tan mal al escucharlas?

En los capítulos que siguen, entenderemos **la validación como el acto de reconocer y aceptar la experiencia de otra persona, es decir, una comunicación que sea válida por naturaleza.** La validación no significa que estemos de acuerdo con la otra persona, o que nos guste lo que están experimentando, o siquiera entenderlo. Pero, lo que sí significa es que reconocemos que su experiencia tiene derecho a existir como tal. Si vemos que alguien está molesto, podríamos tratar de hacer retroceder la ira, argumentar con ella, negarla o evitarla; o podríamos reconocer que la persona *está* molesta y es lo que es.

Muchas personas luchan para otorgar validación porque no pueden ver genuinamente el punto. Si alguien está teniendo una experiencia interna diferente a ellos, o las percepciones no concuerdan con lo que consideran una "realidad objetiva", parecen olvidar la necesidad de ser compasivo, comprensible o amable.

Imagina, por ejemplo, que Jeremías comenzó a oír voces que no están allí y está petrificado. Le habla a un amigo cercano sobre sus preocupaciones, pero el amigo le dice de inmediato que las voces no están allí, él *sabe* que no están allí, así que, ¿cuál es el problema? El amigo podría comenzar a hablar sobre medicamentos para que las voces desaparezcan, pero a su propia manera, le dice a Jeremías que tener miedo a las voces imaginarias no tiene sentido.

Ahora imagina que Jeremías va con un amigo diferente. Comparte sus preocupaciones y este amigo ve no solo lo que es real o no, lo que es una reacción razonable o no, sino cómo se siente realmente Jeremías. Le dice que tener miedo es normal y entendible. En otras palabras, los hechos objetivos de su experiencia no son tan importantes como su experiencia interna y subjetiva. El primer amigo invalidó esta experiencia, mientras que el segundo la validó.

Las personas de mentalidad práctica podrían tener problemas con el concepto de validación porque parece más natural para ellos ver las soluciones obvias, recoger datos, identificar problemas en el "mundo real" y arreglarlos. Podrían pensar por error que la validación significa estar de acuerdo con algo que está mal, o no hacer nada para remediar el problema.

Pero, la validación es una parte importante y necesaria de la comunicación humana, incluso si no está enfocada en verificar y resolver un problema.

Cuando nos enfocamos solo en los "hechos", podríamos perder el contenido emocional, el cual a menudo es una de las razones más importantes para la comunicación en primer lugar. A la mayoría de nosotros nos gusta pensar que somos empáticos y comprensibles, pero dominar la validación real puede llevar algo de práctica, y todos perdemos la oportunidad algunas veces. Después de todo, ¿quién no ha tratado de "animar" a un amigo cuando está decepcionado, asegurándole que las cosas no son tan malas como parecen?

Por qué la validación es tan importante

Todos los seres humanos quieren sentir que son, en su centro, aceptables e incluso encantadores.

Todos queremos sentir que las otras personas nos ven, nos reconocen por lo que somos y generalmente encuentran que tenemos valor. Cuando practicas el arte de la validación, aprendes a cómo darles esta experiencia a otros. Al validar a las personas, las aceptamos por lo que son. ¿Qué mejor manera de ser un buen amigo, compañero o padre?

Cuando validas a alguien, le das un apoyo real, permitiéndoles saber que no están solos. La vida puede ser confusa y difícil para todos nosotros, pero cuando somos validados genuinamente, podemos sentirnos tranquilos de que estamos en el camino correcto y que nuestra experiencia es normal.

La fuerza de voluntad es genial, pero las personas tienen una finita fuerza de voluntad. ¿No te has sentido más fuerte y más capaz cuando cuentas con el apoyo de muchas otras personas? Imagina a alguien que está trabajando muy duro para superar su adicción a la comida para perder peso. Podría sentirse completamente derrotado y solo cuando, meses después, nadie notó su progreso. Por otro lado, tener a colegas del trabajo que se reporten regularmente, reconozcan la travesía en la que estás e incluso reconozcan los resultados puede hacer un mundo de diferencia.

En el mundo de hoy en día, las personas están indiscutiblemente más aisladas y divididas que nunca, con muchas personas teniendo muy poco que aportar en cuanto a familia y comunidad. Pero, si no tenemos compañeros humanos que nos acompañen a través de los desafíos de la vida, que reconozcan nuestra presencia y la disfruten, que reflejen lo que somos y el efecto de nuestras acciones, bueno, pronto podríamos comenzar a sentir que no existimos realmente. Probablemente puedas recordar un momento cuando alguien te hizo un cumplido muy considerado sobre quién eres como persona y lo genial que eso te hizo sentir. Compara eso con la devastadora sensación de aislamiento que tienes cuando una persona que pensabas que te conocía bien, ¡te compra un regalo bizarro que odias totalmente!

Claro, que, no se trata solo de cuantas personas están en tu vida; sin una validación y aceptación reales, es posible sentirse solo e ignorado en una habitación repleta de personas. Podríamos sentirnos perdidos o fuera de lugar, incluso en nuestras propias familias, o como extranjeros incluso en nuestros países. Una ausencia de una validación genuina está detrás de alguien que, luego de veinte años de matrimonio, puede ver a su esposa y decir "ni siquiera tengo idea de quién eres".

Ser visto y escuchado, por otro lado, le da a la vida firmeza y un sentido de significado. Aporta riqueza, color y profundidad a nuestros días. Cuando otros son testigos de y confirman nuestra experiencia, es como si se volviera más real y manejable para nosotros. Si puedes aprender a ver y validar realmente a las personas por lo que son, simultáneamente les estas dando tanto a ellos como a ti un regalo maravilloso que hay en muy poca oferta en el mundo de hoy en día. Cuando somos validados, nos sentimos más resistentes a los problemas de la vida y podemos regular nuestras emociones más eficientemente.

Nos sentimos como *nosotros mismos*; cuando otras personas nos ven y nos reconocen, es como confirmar nuestra identidad mirándonos en el espejo y viendo una imagen de nosotros. A través de una respuesta sincera por parte de otros, aprendemos sobre quienes somos. Los vemos, reaccionan a nosotros, les importamos, nos escuchan y al hacerlo parece que nuestra imagen pública toma forma, y podemos ver nuestra esencia más claramente.

También va un poco más allá. Cuando validamos a alguien, no solo vemos a la persona frente a nosotros, sino que la *aceptamos*, completamente. Comunicamos, con nuestra atención sin prejuicios, que vale la pena conocerlos y que son importantes. Incluso si no comprendemos realmente lo que es estar en los zapatos de otra persona, sigue siendo maravilloso mostrar que nos importan lo suficiente para *tratar* de comprenderlos. Muchos padres, por ejemplo, no pueden entrar realmente en la cabeza de sus hijos adolescentes, pero algunas veces esto es todo lo que hace falta para que un adolescente sienta que su madre o padre se preocupa lo suficiente para hacer el esfuerzo en primer lugar.

Esto no es decir que la validación solo es beneficiosa para la persona que la recibe. Cuando la validación fluye de una persona a otra, ambos se benefician. La relación compartida se vuelve más auténtica inmediatamente, más confiable y más honesta. Cuando las personas se sienten vistas y aceptadas, son más capaces de regresar la amabilidad a otros, fortaleciendo esas conexiones. De hecho, ahora podría haber evidencia de que ser validado por alguien puede literalmente causar cambios en los neurotransmisores liberados en tu cerebro.

La afirmación se trata de afirmar la realidad emocional de otra persona, pero también se trata de reconocer que viven en un mundo completamente diferente al tuyo y que habitan en una perspectiva totalmente separada de la tuya. Si puedes abordar cualquier conversación con el espíritu de la validación, eres capaz de respetar y honrar el hecho de que no eres la otra persona, y esa persona no piensa como tú. La validación fomenta un entendimiento más profundo. Esto no solo te hará un mejor comunicador, sino que también expandirá tu visión del mundo e incluso podrías aprender algo en el proceso.

Por qué la validación no es lo mismo que la empatía

Al leer sobre las virtudes y los beneficios de practicar la validación, podrías haberte preguntado si es lo mismo que simplemente ser amable y compasivo. De muchas maneras, estos conceptos coinciden hasta cierto grado. Una persona con buenas habilidades de validación puede en esencia ser idéntico a alguien que es empático, sin prejuicios, o simplemente habilidoso al mostrar interés en otros. Pero existen ciertas diferencias.

Mostrar **simpatía** es reconocer la experiencia de alguien, pero como si fuese visto desde nuestro propio marco de referencia. Por ejemplo, saber que alguien más está nervioso por dar un discurso porque tú también estarías nervioso por lo mismo.

Mostrar **empatía** es ver dentro de la experiencia de alguien más y sentir lo que se siente, desde el punto de vista de esa persona y no desde tu propio punto de vista. Por ejemplo, puedes imaginar lo que se siente ser alguien a quien le aterra dar discursos, a pesar de que a ti te encanta hablar en público.

Sin embargo, mostrar **validación** es un poco diferente. Aquí es donde comunicamos que realmente hemos visto o escuchando la experiencia de la otra persona y que eso tiene una *validez inherente*. Entonces, podemos escuchar a nuestro amigo contándonos sobre lo asustado que está de dar su discurso y reconocerlo, y tomar eso como valor nominal. Nuestros propios sentimientos sobre hablar en público no importan en lo absoluto y, de hecho, no importa la opinión de nadie más.

Cuando reconocemos la validez inherente de la experiencia de alguien más, estamos haciendo algo un poco diferente a tener empatía. Cuando somos simpáticos o empáticos, estamos cambiando o expandiendo nuestros marcos de referencia para entender mejor la experiencia de otra persona. Los sentimientos o pensamientos de otra persona podrían no ser placenteros, podrían no tener sentido, no ser populares o permisibles o incluso podrían ser incomprensibles. Pero a fin de cuentas son válidos porque están allí y existen.

Como puedes ver, es un punto sutil que puede hacer una diferencia bastante grande cuando lo pones en práctica. La empatía a menudo lleva a otras personas a sentirse validadas, pero no necesariamente. Por ejemplo, alguien podría sentirse muy mal por un amigo que está teniendo dificultades y sentir empatía total a pesar de que cree que su experiencia no es completamente válida. Por ejemplo, "yo genuinamente me siento mal por ti, pero sigo creyendo que estás exagerando". Exploraremos más sobre cómo combinar la empatía y la validación luego en este libro.

Validación, una de las formas más claras de expresar que algo te importa

Existe el argumento estereotípico que es dicho y ocasionalmente se desarrolla entre un hombre y una mujer: la mujer podría estar molesta por algo y le cuenta al hombre al respecto, quien luego procede a tratar de encontrar una manera de arreglar el problema, a pesar de que la mujer afirma una y otra vez "¡solo quiero que me escuches!".

La validación juega un gran rol al validar los sentimientos negativos o apoyar a aquellos experimentando estrés. Los psicólogos originalmente exploraron su poder de ayudar a aquellos con sentimientos suicidas o profundamente angustiados, pero pronto pusieron el principio de la validación al centro de su trabajo. Después de todo, cuando las personas buscan asistencia psiquiátrica a menudo simplemente están buscando consuelo y confortación.

Los investigadores Tina, Solomon y Brisini de la Universidad de Estatal de Pensilvania publicaron un artículo en el *Journal of Communication* describiendo cómo la validación puede ser usada para mejorar las formas usuales de reconfortar a las personas. Descubrieron que el lenguaje que las personas usan puede tener un impacto masivo.

Por ejemplo, la mayoría de las personas no responde bien cuando se les dice (sutil o no tan sutilmente) cómo se sienten. Por ejemplo, la mayoría de nosotros se eriza con clichés como "tranquilo, no llores", o "vamos, trata de ver el lado bueno". En lugar de eso, podría ser más efectivo simplemente preguntar cómo se están sintiendo las personas realmente, en lugar de decirles que debería sentirse de otra manera. De este modo, pueden expresarse y alcanzar sus propias conclusiones, decidiendo por ellos mismos qué decisión tomar a continuación.

Los autores también descubrieron que es mejor evitar un lenguaje que minimice sentimientos. Por ejemplo, si alguien acaba de contarte en privado que se está sintiendo severamente deprimido, es obvio que no es una buena idea recurrir a lo usual y decirle que necesita una buena noche de sueño. Es cierto que estos comentarios podrían venir con buena intención, pero podrían de hecho tener el efecto opuesto. Si alguien se siente juzgado, controlado, ignorado o ridiculizado, obviamente se sentirá menos inclinado a aceptar la ayuda que es ofrecida, incluso si es sincera.

El problema es que este tipo de comentarios podría bien ser beneficioso en otro contexto. Ofrecer consejos o sugerencias útiles es usualmente la forma de las personas de tener la mejor de las intenciones. Pero, lo más importante, **la validación no es otra técnica de comunicación.** El objetivo y resultado de la validación es completamente diferente a, por decir algo, ofrecer consejos y dar una valoración útil.

Para regresar al argumento estereotípico con el que comenzamos, el hombre podría decir (con bastante derecho) que está tratando de ayudar, que su solución funcionará y que la mujer está siendo ridícula al seguir molesta cuando hay una solución perfectamente bien al frente de ella. Pero la mujer podría decir (con bastante derecho) que ella no pidió un consejo ni una solución de problemas; ella quiere consuelo, es decir, validación.

De cierta manera, la validación va un poco más allá que la mayoría de las habilidades y técnicas comunicacionales y llega al corazón de nuestra experiencia emocional. Puedes ser un oyente excelente, compasivo e inteligente y genial al ofrecer consejos útiles, pero nada de eso importa si lo que hace falta es una validación directa.

Entonces, hemos visto el tipo de cosas que no deberíamos decir, pero, ¿qué hay de las cosas que *sí* tienes que decirle a alguien para validar su experiencia?

Recuerda, cuando proporcionamos validación, estamos comunicando que la experiencia de alguien, y ese alguien como tal, son intrínsecamente válidos. Entonces, podemos usar frases como:

- "Es totalmente entendible que te sientas de esa manera"
- "Sí, eso tiene sentido. Puedo ver por qué lo dices".
- "Es perfectamente normal que pienses eso".
- "Lamento que estés pasando un mal rato como este".
- "¿Puedes decirme más sobre lo que estás sintiendo?".
- "Puedo ver por qué sientes eso".

Al validar a alguien, algunas veces lo mejor que podemos hacer por ellos es simplemente crear un pequeño espacio para ellos para que sean ellos mismos. A menudo, somos forzados a saltar y decir algo, *cualquier cosa*, pero eso es solo porque nosotros mismos estamos incómodos. Es posible transmitir una gran cantidad de compasión y aceptación con sonidos simples como "ajá" y "mmm...", o simplemente escuchando y asintiendo. De esta manera, enfocas toda tu atención en la otra persona, sin tratar de forzar tu propia interpretación.

La validación descansa sobre **centrar a la otra persona**. Esto significa que la persona y su experiencia son la prioridad; mientras que las opiniones, expectativas de la sociedad, juicios y críticas de otras personas son puestas a un lado. Centrar a la otra persona significa reconocer que el individuo como tal es la autoridad suprema de su propia experiencia interna. Así que, si expresan que están sintiendo temor a pesar de que a ti y a todo el mundo le parece ira, tomas su palabra y asumes que sí, en su experiencia interna, *está* asustado.

Validación de la manera correcta en el momento correcto

¿Es la validación siempre el enfoque apropiado? ¿Hay cosas que no deberíamos validar?

Por ejemplo, ¿realmente deberías validar la experiencia de alguien si están hablando sobre o planeando hacerse daño ellos mismos o a otros? En una nota menos seria, ¿realmente deberías validar la experiencia de alguien cuando es la vez número 50 que has escuchado su parte ese día? ¿Tienes que validar la experiencia de alguien cuando, para ser francos, estás exhausto y preferirías que no te achacaran todo a ti?

La validación puede ciertamente tener consecuencias sin intención y no es la solución para todo. Hay veces en las que esta estrategia es menos apropiada y podría incluso tener resultados negativos. La validación es sin duda una de las mejores herramientas para relaciones y comunicación, pero no debe ser usada con todos, en cada oportunidad. Todavía necesitamos evaluar cuidadosamente la situación, observar las consecuencias de nuestras acciones y adaptarnos adecuadamente.

Aunque no tenemos el alcance para explorar el tema del narcisismo o trastorno de personalidad por completo en este libro, vale la pena mencionar que debemos proceder con cuidado cuando una persona tiene una aparentemente ilimitada necesidad de validación. A los narcisistas les falta la conciencia de uno mismo o la habilidad para sentir empatía y típicamente serán incapaces de conectarse de manera significativa contigo, sin importar cuánto los valides y lo genuino de esa validación. Podrían absorber la validación y exigir más y más, abusando de tus límites en el proceso. Podrías encontrarte rápidamente enredado en una dinámica codependiente y poco saludable.

¿Esto significa que nunca debes validar la experiencia de un narcisista? Por supuesto que no. Solo significa que debes ser un poco más cuidadoso con cómo lo haces, mientras respetas tus propias necesidades y límites. Ya que todos los seres humanos necesitan y merecen validación, no existe alguien a quién se le deba negar, pero sea que *tú* debas ser la persona que la proporcione en algún momento depende de ti.

La validación es casi siempre algo bueno. Con la advertencia de que algunas veces *no es suficiente por sí sola*. Con esto en mente, hay algunas señales de alarma de las que debes cuidarte:

Señal de alarma 1: actos agresivos, ilegales o inapropiados

Quizás alguien te confiese algo malo que ha hecho o planea hacer. Quizás alguien está siendo amenazado o irracional. No hay razón por la que no debas escuchar, validar su experiencia y hacer preguntas. No hay razón para no tener compasión. Sin embargo, la validación por sí sola está peligrosamente cerca de ser un cómplice. Usa el entendimiento y la compasión, pero trata de hacer que la otra persona tome acciones beneficiosas o, en casos extremos, alerta a las autoridades tú mismo.

Señal de alarma 2: vampiros de energía

Todos nos sentimos vulnerable algunas veces y necesitamos validación y apoyo. Pero, si estás lidiando con alguien que quiere drenarte la vida *constantemente* mientras nunca toman un paso en concreto para ayudarse a sí mismos, podrías tener que ajustar tus límites. La validación es genial, pero de hecho podrías ayudarlos más al decir "eso suena duro. ¿Qué vas a hacer al respecto?".

Señal de alarma 3: alguien buscando consejo o claridad

La validación siempre se siente bien. Pero, algunas veces lo que tranquiliza a alguien es el conocimiento y entendimiento. Si alguien está nervioso sobre una evaluación de desempeño en el trabajo, por ejemplo, podría ser más apropiado mantener el perfil profesional y abordar sus problemas reales con hechos y un consuelo con los pies sobre la tierra en lugar de enfocarse en su realidad emocional. Dependiendo de la persona o situación, que te digan "lamento que estés preocupado por tu evaluación de desempeño" no se oye tan bien como "eres de los primeros de tu clase, no te preocupes, estarás bien".

La verdad es que se puede hacer muy poco daño cuando todo lo que haces es escuchar y aceptar a la persona que está frente a ti. Sin embargo, vale la pena preguntar "¿esto está ayudando?" periódicamente y adaptarse de acuerdo a la respuesta honesta que recibas.

Enseñanzas

- Cuando validamos a alguien, transmitimos nuestra aceptación de las experiencias, emociones, pensamientos y realidades de esa persona. Contrariamente, cuando invalidamos a alguien, negamos o minimizamos la importancia de sus problemas y necesidades. Aunque la validación es una palabra común estos días, no siempre es claro cómo y por qué aplicarla. El hecho es que cada experiencia de una persona es intrínsecamente válida y en lugar de hacer uso del juicio, debemos tratar de aceptar a las personas por lo que son. Sin embargo, la aceptación no debe ser confundida con estar de acuerdo.

- El concepto de validación es especialmente relevante en nuestros tiempos actuales debido a lo socialmente aislados que estamos como individuos. Validar a alguien es una manera de expresar solidaridad, y hace que ese alguien se sienta escuchado y comprendido. Añade riqueza y sentido de tranquilidad a una vida que de otra manera estaría perdida si sintiéramos que tenemos que pasar por penurias solos y sin el apoyo de alguien.

- Muchas personas tienden a confundir la simpatía, empatía y la validación, y ciertamente hay una coincidencia significativa entre los tres conceptos. Sin embargo, la simpatía es cuando vemos las experiencias de otros a través de nuestros propios ojos y reaccionamos acorde a ellos. Al mostrar empatía, tratamos de relacionarnos con la experiencia de alguien más de la manera en que la están experimentando. Por último, la validación es simplemente expresar tu creencia de que la experiencia de alguien más es intrínsecamente válida.

- Es natural preguntarse hasta qué punto y cuán a menudo debemos validar a otros. No podemos siempre validar cosas, especialmente cuando al hacerlo podrías tener efectos adversos. Por ejemplo, validar el comportamiento agresivo y potencialmente peligroso de alguien es una mala idea. Similarmente, debemos tener cuidado de los vampiros de energía que drenan tu vida con sus quejas sin fin, sin tomar pasos concretos para mejorar su situación. Por último, dar consejos no solicitados no es recomendado generalmente, pero si alguien busca activamente consejos de ti, sustituirlos con validación no es una buena idea porque no está cumpliendo su función.

Capítulo 2. Validación. Los pasos básicos

En este capítulo estaremos echando un vistazo más de cerca a *qué hacer y decir* al validar a alguien. Hemos considerado un par de frases clave, pero la validación puede ocurrir en diferentes niveles, no todos aplicables en cada contexto. Decidir cuándo y cómo ofrecer validación es una habilidad por sí sola; en este capítulo, veremos algunos esquemas para ayudarnos a organizar nuestro acercamiento.

La validación como una aceptación comunicativa

La psicóloga Marsha Linehan propone un esquema interesante y útil que podemos usar para ayudarnos a entender mejor el proceso de validación. Como vimos en la sección previa, la validación no siempre es apropiada o útil, pero a menudo es una cuestión de grado, lo lejos que hay que ir y qué *tipo* de validación ofrecer.

De acuerdo con Linehan, existen seis niveles progresivos de validación, cada uno tomando como base el anterior. Esto significa que, si quieres ofrecer una validación nivel 5, necesitas haber pasado por los niveles 1 al 4 primero. Sin embargo, no tienes que alcanzar el nivel 5; algunas situaciones solo requerirán algunos niveles, sin ir más allá. En ciertas situaciones, podría no ser necesario o incluso posible ir más allá de cierto nivel.

En cualquier caso, con este modelo podemos ver la validación como un tipo de *aceptación comunicada*. Recuerda, la aceptación no es un acuerdo o aprobación (¡o ni siquiera entendimiento!), pero es una conexión emocional prioritaria incluso cuando hay conflicto o diferencia de opiniones.

El nivel 1 es **estar presente** con la otra persona. Por ejemplo, quedarse quieto cuando estés con ella, escuchando de cerca, prestando atención, asintiendo con tu cabeza, haciendo contacto visual o haciéndoles saber que estás allí al colocarle la mano en su hombro. La mejor manera de estar presente con alguien es participando en una "escucha activa". Debes darle a la otra persona señales no verbales como aquellas que han sido mencionadas, así como señales verbales tipo "sí" o "sigue" de manera intermitente. Esto actúa como una respuesta para la otra persona y automáticamente se vuelven más abiertos y honestos contigo como resultado. Estar distraído con tu teléfono mientras alguien está soltándolo todo contigo obviamente no es estar presente, pero nuevamente, lanzar "consejos" insensibles y compartir tu opinión inmediatamente también elimina tu atención y presencia del momento.

En el nivel 1, el mayor obstáculo puede ser la aceptación de *nosotros mismos y nuestras emociones* sin juicio alguno, para así poder resistir escapar a la negación o justificaciones solo para llenar el silencio.

Algunos de nosotros podemos estar incómodos con las emociones intensas porque nos fuerzan a confrontar nuestras propias experiencias con situaciones similares a aquellas que la otra persona está enfrentando. Incluso alguien expresando felicidad puede ser desconcertante para nosotros si estamos pasando por un mal rato. Trata de no hacer que tu propia reacción sea el enfoque. Trata de no alejarte de la emoción siendo expresada. Esto inspirará la confianza y tranquilidad en la otra persona.

El nivel 2 es práctica de la **reflexión adecuada.** Esto es cuando ofrecemos una respuesta genuina que resume lo que hemos escuchado y visto. Muchas de las personas luchan con este paso porque simplemente no piensan que tienen algo valioso que ofrecer y solo aumenta la incomodidad que uno podría estar experimentando en el paso 1 también. Si esto te suena familiar, recuerda que solo tienes que demostrarle a la persona que la escuchaste cuando estaba hablando; no tienes que proporcionar un aporte original o conocimiento que hayan omitido. Puede ser tan simple como decir "suena a que estás teniendo un mal rato en este momento".

El reto aquí es reflexionar sin sonar condescendiente, falso o criticón. ¡El tono de voz lo es todo! Esto es especialmente cierto si estás en desacuerdo con la persona en este paso. Recuerda, la validación no siempre significa estar de acuerdo. Si tu amigo está narrando un incidente sobre cómo siente que no está trabajando igual de fuerte que los otros empleados, no tienes que decir que está bien que se sienta así ni justificar de alguna manera que no está trabajando igual de fuerte. Puedes simplemente decir, "quizás estás siendo muy duro contigo mismo". Lo que significa es la autenticidad de tu reflexión, no si refuerza lo que la otra persona está diciendo. Quizás tu desacuerdo le hará ver que de hecho sí estaba siendo muy duro consigo mismo por alguna razón.

El nivel 3 es, una descripción muy genial, **leer la mente**; es decir, tratar de adivinar los pensamientos y sentimientos de la otra persona. Obviamente, esto puede ser complicado y todos diferimos en nuestra "alfabetización emocional" y habilidad para leer a otros. Encima de eso, las personas no siempre están seguras de lo que ellas mismas sienten y podrían estar acostumbradas a expresar una cosa mientras sienten otra u ocultando por completo su verdadera experiencia. Este paso es sobre tratar de ponerle nombre a las posibles emociones y pensamientos. Como puedes ver, es una extensión natural del paso anterior: "suena a que estás teniendo un mal rato en este momento. Me pregunto si te sientes agobiado con lo que ha pasado".

El reto aquí es eliminar tanto como puedas tu propia parcialidad y expectativa, y estar listo para abandonar una suposición si la otra persona te dice que así no es de hecho como se siente. De hecho, puede ser bastante invalidador tener a alguien más que interprete incorrectamente tu situación; como si no te hubiese escuchado y tuviese su propia agenda. Usa tu conocimiento de la otra persona tanto como puedas. Piensa sobre cómo reaccionan típicamente a situaciones similares, o cómo han respondido a ellas en el pasado. Es probable que tengan la misma reacción ahora. Por ejemplo, las personas hablan con frases cortas cuando están molestas. Nota señales como estas y úsalas para leer la mente de la otra persona.

En el nivel 4, **esquematizamos la experiencia de la persona en su contexto único.** Esto no significa volverse loco con teorías y suposiciones, sino ver lo que sabes sobre la otra persona como un todo. ¿Qué pasó en su historia para hacer que esta situación actual sea más entendible? ¿Cómo entra en juego su situación específica en lo que te está diciendo? Podrías reconocer este contexto al decir algo como "bueno, tiene sentido que estés abrumado por todo esto ahora mismo, ya que has tenido muchos cambios grandes últimamente".

El nivel 5 implica **normalizar reacciones.** Una gran parte de la validación es saber que no eres raro ni malo ni estás errado, sino que estás teniendo una experiencia perfectamente normal e incluso común. "¡Estoy seguro de que cualquiera se estresaría si tuviese tanto en su plato como tú!".

El nivel 6, el último nivel, se trata de inyectar una **autenticidad radical**. Esto lleva la aceptación emocional más allá, y significa que llegamos a la otra persona en un nivel personal, enfatizando nuestra conexión y experiencia humana. Este es el nivel donde puedes revelar algo sobre ti mismo, o volverte un poco vulnerable; pero, sin importar lo que hagas, debe ser una expresión *auténtica* mostrando que realmente entiendes lo que la otra persona te está diciendo. Sin embargo, debes tener cuidado de no hacer que la otra persona se sienta que has secuestrado la conversación convirtiéndola en algo tuyo.

Como puedes ver, cada situación demandará un grado diferente de validación, y eso también depende de *tu* contexto y relación con la persona. Claro que, no tienes que sentarte allí y recordar rígidamente los seis niveles cuando un amigo venga por tu apoyo; en lugar de eso, la enseñanza de este modelo es pensar en la validación como una escala deslizante, lee la situación y marca tu nivel de validación acorde a eso.

Cómo validar a alguien. El esquema

Vamos un poco más allá. La validación es un tipo de comunicación y su objetivo es comunicar la aceptación. Ahora echemos un vistazo al paso a paso, un esquema detallado a seguir cuando queramos proporcionar validación. En realidad, los seis niveles descritos arriba fluyen y se unen entre sí. Hay diferentes técnicas, acercamientos y habilidades asociadas con cada una que, nuevamente, variarán en cuanto a efectividad dependiendo de la persona con la que estés hablando. Consideremos cada uno en más detalle.

Paso 1. Cómo estar presente: ¡escucha!

Sin importar cuál sea la situación, siempre debes abordarla con una mente abierta, así como con una calmada y enfocada atención sobre la otra persona. No estás entrando con una agenda. En lugar de eso, estás escuchando cuidadosamente para entender mejor su punto de vista y su experiencia. Esta de hecho puede ser la parte más difícil porque cuando nos importa y queremos ayudar, podríamos querer brincar y comenzar a hablar, ofrecer consejo y más.

Pero, resiste esta urgencia al inicio y deja que la otra persona tome la dirección. Deja que hablen y escucha en serio. Aquí tu comunicación verbal es apagada por la mayor parte, pero tu comunicación no verbal pasa al frente.

Lenguaje corporal receptivo: mantén una postura y expresión facial abiertas, y dirige tu cuerpo hacia ellos. Relájate. Haz contacto visual si se siente apropiado, pero un contacto visual que muestre interés y una atención respetuosa en lugar de una interrogación. Imita su lenguaje corporal lo más cerca que puedas. Si se están sentando con las piernas cruzadas, haz lo mismo. Si tienen sus brazos descansando en la mesa, también debes hacerlo. Deshazte de las distracciones; aleja tu teléfono, apaga la tv y demuestra, con el cuerpo, "estoy aquí ahora y quiero escuchar lo que tienes que decir". También es una buena idea ajustarte a su tono y ritmo de habla, así como su "energía". Si son bastante callados y dudosos, por ejemplo, también sé callado y anda con cuidado.

Podrías también animarlos a que se abran al preguntar, "¿te gustaría hablar? Soy todo oídos". Podrías hacer afirmaciones sencillas de "sí", o algo similar, pero en este paso, el silencio puede hacer maravillas como una invitación para que la otra persona comparta.

Ejemplos: tu compañero de cuarto acaba de llegar a casa y claramente parece agitado. Al ver esto, cierras tu laptop y de vuelves hacia él, mostrando una expresión preocupada. Él dice que acaba de tener un accidente en auto y se siente bastante aturdido. Sin decir mucho (quizás un simple "cuéntame qué pasó"), te sientas a su lado y escuchas su historia sin interrumpir.

O, imagina que una mujer le dice a su esposo que tienen que hablar. Se sientan a charlar, y ella empieza a explicar que algo le ha estado molestando y que está molesta con él. Aunque es tentador para el esposo responder de inmediato a lo que se siente como acusaciones, él espera a que ella diga su parte.

Aunque a él realmente no le gusta lo que escucha, se esfuerza por simplemente escuchar y ver las cosas desde el punto de vista de ella, aunque le gustaría compartir el suyo. Cuando ella termina de hablar, él hace una pausa, para que así ella no sienta que él simplemente estaba esperando a que ella se callara para saltar con una refutación.

Paso 2. Cómo reflejar lo que dicen: haz preguntas

Si la persona simplemente quería ser escuchada e inmediatamente se siente mejor, algunas veces puedes detenerte en el paso 1. Pero podrías encontrarte con que la conversación cambia naturalmente a tu respuesta sobre lo que has escuchado. Esto le demuestra activamente a una persona que la has escuchado, porque cuando parafraseas lo que han dicho, le estás reflejando lo que han dicho.

Pero cuando le reflejas esto, solo se siente como una validación si es *preciso*. La mejor manera de hacer esto es literalmente repetir lo que has escuchado. Puedes usar el reflejo para resumir lo que se ha dicho, para reiterar las partes más importantes de la historia o para sintetizar la esencia principal de lo que están diciendo. Por ejemplo, si alguien suelta una larga lista de eventos estresantes que le han ocurrido ese día, podrías decir "vaya, parece que están pasando muchas cosas en este momento".

No te preocupes porque tu declaración parezca exageradamente obvia. Al reflejar es como si estuvieras ayudando a la otra persona a contar su historia. Esto le permite saber que estás escuchando y que la *entiendes*. Esto le dice que lo que está expresando realmente fue transmitido y la comunicación está funcionando.

Ahora bien, no tienes que saltar con suposiciones inteligentes ni decirles cómo se están sintiendo; si no lo sabes, ¡siempre puedes preguntar! Hacer preguntas es una confirmación más de que estás escuchando y comprometido con la conversación, y que lo que dicen importa. Las preguntas pueden hacer que una persona siga compartiendo y los ayuda a llegar a conclusiones más claras por sí mismos, en su propio momento.

Preguntas alentadoras:

"Está bien, quiero entender de qué hablas cuando dices XYZ... ¿puedes contarme más?"

"¿Y qué pensaste de eso?"

"¿Qué crees que pase ahora?"

"¿Puedes decir más sobre XYZ?"

"¿Y cómo te estás sintiendo con todo esto?"

Aunque no es una mala pregunta per se, evita "¿y eso cómo te hace sentir?" ¡ya que obviamente se puede sentir un poco aburrida!

Ejemplos: si alguien acaba de explicar con lujo de detalles un complicado drama familiar, podrías estar un poco confundido sobre los detalles. Hacer preguntas puede demostrar que te importan las sutilezas. "Entonces, ¿cómo es la relación entre tu madre y tu hermana?", o "¿entonces estás preocupado de que tuviesen esa discusión contigo? ¿Entendí bien?". Preguntar directamente si entendiste correctamente no solo muestra que quieres entender, sino que estás centrando a la otra persona, lo que de por sí es validación.

Las preguntas no son solo para tu propia clarificación. Podrías saber bien cómo termina una historia en particular, pero hacer preguntas al respecto comunica fomento y aceptación de la otra persona que se hace camino a través de la historia. "Bueno, entonces luego tu mamá te habló sobre esta conversación con tu hermana. ¿Qué pasó luego?"

Tanto las preguntas como las afirmaciones pueden ser usadas para lograr el mismo efecto. Sea que lo enmarques como una pregunta obvia o más como una declaración tentativa, esencialmente estás preguntando *"¿entendí bien? ¿Es así cómo es para ti?"*

Paso 3. Cómo leer la mente: usa palabras con sentimiento

Si pasas un rato en el paso anterior, podrías encontrarte fluyendo naturalmente hacia este paso, donde hablas más directamente sobre la experiencia de la otra persona. Comenzaste al escuchar y ayudar a la otra persona a contar su historia y a medida que continúas es como si la estuvieras ayudando a darle más forma y estructura. Esto tiene sentido si lo piensas: cuando una persona está molesta o emocional, podrían no estar pensando de manera clara o racional. Primero necesitan expresar las emociones que están sintiendo y solo luego encuentran la manera de procesar e integrar la experiencia.

Estando en este punto inicial, trata de evitar inyectar tus propias interpretaciones en las cosas. Piensa en ti como un guía e incluso una comadrona, ayudando a la otra persona a través de su propia experiencia, sin hacerlo mucho sobre ti. Algunas veces, cuando las personas están molestas, podría ser útil asignar palabras a lo que están sintiendo. Simplemente al decir "me siento decepcionado en este momento", es un paso hacia reconocer y adueñarte de tu propia experiencia.

"Leer la mente" es quizás algo un poco engañoso aquí, ya que no deberías sentir como si estuvieses adivinando, sino ofreciendo *tentativamente* una palabra a la emoción que pueda capturar por lo que están pasando. Al hacerlo, estás ayudando a las personas a llegar a sus propias interpretaciones y conclusiones. Naturalmente, no debes simplemente soltar "estás deprimido" o decirle a alguien de lleno cómo se está sintiendo.

Frases a probar:

"Me parece que…"

"Me pregunto si XYZ es el caso…"

"Pareces bastante /molesto/asustado/confundido en este momento." (Dicho en un tono gentil y no crítico).

"¿Crees que eso te hizo sentir XYZ?"

"Veo que estás herido".

"Por lo que estás diciendo, parece que te sientes XYZ sobre todo el asunto".

Ejemplos: alguien podría estar explicando con lujo de detalles las cosas irritantes que hace uno de sus amigos, dando una lista de ofensas, incluyendo la más reciente que causó un pequeño argumento. Al escucharlo, te das cuenta de que no ha dicho en concreto cómo se siente. Podría ser obvio para ambos, pero dices "vaya, parece que definitivamente hay mucha frustración en esta amistad".

Al colocar una sola palabra a la colección de experiencias, no solo demuestras que has escuchado, sino que puedes sintetizar todo y ver el panorama completo. Esto puede mover en serio una conversación, y la otra persona podría decir "sí, es exactamente eso. Parecemos *frustrarnos* más y más últimamente...".

Aunque nunca es tu trabajo decirle a alguien cómo se siente, podrían ver las emociones mucho más claramente cuando las reflejas de vuelta. Si un amigo diferente se está quejando sobre cómo está harto de los amigos hombre de su amiga, podrías decir luego de un rato "me pregunto si es celos lo que sientes...".

Incluso si no logras bien la parte de leer la mente, mientras no seas intensamente ofensivo, las otras personas probablemente aprecien el esfuerzo y, al corregirte, están nuevamente más abiertos a compartir, una situación ganar-ganar.

Paso 4. Cómo encontrar contexto: valida y centra su experiencia

Nuevamente, este paso podría infiltrarse en el siguiente, y hacer preguntas o leer la mente podría fácilmente llevar a este paso. En este nivel, quieres comunicar un fuerte sentido de entendimiento de quién es la persona y cómo su experiencia es algo único de ella. Quieres centrarla y enfocarte en su mundo y en cómo se siente estar en él.

Aquí, sigues sin ofrecer tus propias interpretaciones, en lugar de eso ayudas a la otra persona a alinear sus ideas para que encuentren sus propias conclusiones. Podemos absolutamente proporcionar una validación a las personas que no conocemos muy bien, pero más comúnmente, sabemos un poco sobre ellas y su historia.

Cuando validamos y centramos a otra persona, estamos diciendo que *su perspectiva es válida. Esta historia y la manera en la que la están experimentando tiene sentido.* Por ejemplo, podemos decir "puedo ver totalmente por qué te asustaste cuando eso pasó. Viendo que has tenido malas experiencias con este tipo de cosas en el pasado, no es de sorprender que reacciones de la manera en que lo hiciste".

Podemos aportar mucha validación al reconocer la perspectiva e historia únicas de la persona. Esto puede hacer que las personas se sientan vistas y escuchadas.

Algunas de las siguientes frases pueden ser usadas por sí solas para proporcionar validación, pero también pueden ser extendidas y enmarcadas en términos del contexto de la otra persona o la situación más amplia.

Frases que validan la experiencia única de la persona:

"En serio puedo ver cómo la situación te ha hecho sentir así".

"Dado que eres mujer/musulmán/australiana/gimnasta, puedo entender por qué respondiste de la manera en que lo hiciste".

"Lo que dices tiene total sentido para mí".

"Es entendible que te sientas así".

"Bueno, tienes una razón para sentirte así y lo entiendo completamente".

Ejemplo: si alguien te dice que está luchando con el estrés postraumático luego de experimentar un crimen violento, puedes comenzar escuchando (estando presente), luego haz preguntas para complementar su experiencia de ansiedad (para que puedas reflejar). Entonces podrías moverte a decir algo que resuma vagamente su experiencia (leer la mente, por ejemplo, "has estado bajo mucho estrés seguramente") y extiendes esto al añadirlo al contexto más grande ("dado todo por lo que has pasado, no es de sorprender que te sientas así").

Paso 5. Cómo normalizar: abstente de juzgar

El juicio y la aceptación no pueden existir al mismo tiempo. Cuando validamos a las personas, reconocemos que su experiencia es válida y de ellos, sea lo que sea. No podemos hacer esto adecuadamente si tenemos montones de críticas y juicios sobre lo que *nosotros* pensamos de ellos. Quizás no estamos de acuerdo con su apreciación de eventos. Quizás pensamos que son tontos o están perdiendo algo importante. Quizás están molestos con nosotros y queremos defendernos. O quizás no podemos entender realmente su respuesta y en serio nos parece irracional.

Sin importar el caso, cuando buscamos normalizar la experiencia de alguien, lo que estamos haciendo realmente es contarles que es *aceptable* y que no los juzgamos por lo que están pasando. No tienes que estar de acuerdo o compartir su opinión. No tienes que identificarte con la manera en la que cuentan su historia o en lo que eligen enfocarse. Pero puedes aun así comunicar que *ellos* tienen derecho a sentirse de esa manera, independientemente de cómo se compara tu experiencia a la de ellos.

Muchas personas han tenido la experiencia de buscar a otros por apoyo, simpatía o (afrontémoslo) una buena diatriba, solo para que su experiencia sea juzgada. Quieren sentirse validados y escuchados, pero en lugar de eso la otra persona podría lanzarse a una misión de búsqueda de hechos, tratando de descubrir a quién culpar y por qué, y cuál es la respuesta lógica y correcta.

Alternativamente, algunas personas pueden ver las emociones de otros bastante amenazadoras, raras o incómodas. Debido a que se sienten incapaces de validar y aceptar, por ejemplo, sentimientos tristes en ellos mismos, reaccionan de mala manera cuando ven estos sentimientos en otros. Su respuesta entonces es juzgar. "Oh, estás exagerando, no es tan malo", o "vamos, estás siendo una lata, ¡anímate!".

Sin embargo, al normalizar, comunicamos que todos los sentimientos y todas las experiencias son válidas. Solo porque algunos sentimientos son incómodos o chocan no significa que las personas estén mal por experimentarlos. Aunque, el otro lado de la moneda es que también podemos ser culpables de juzgar en la dirección opuesta, especialmente si estamos tratando de ser comprensivos o útiles. Cuando decimos algo como "oh, me parece saludable que por fin te lamentas por esa pérdida", o "vamos chica, ¡moléstate!" también estamos pasando un valor de juicio sobre una experiencia.

Tenemos que ver más allá de la emoción, pensamiento o experiencia específicos y la persona que los tiene. Debemos ser capaces de decirle a esa persona: "está bien que seas tú y te sientas así en este momento". Muy en el fondo, ¿no queremos todos saber que no estamos mal, equivocados o que somos raros? ¿No nos sentimos todos un poco mejor cuando sabemos que no somos las únicas personas que se sienten como nosotros?

Maneras de expresar algo no crítico y normalizar:

"Yo creo que la mayoría de las personas se sentirían así estando en tus zapatos".

"Es totalmente normal que te sientas así".

"Yo también estaría molesto".

"No hay nada malo en tener esos pensamientos".

"No estás solo".

"Oye, me alegra que me hayas contado cómo te sientes". (Normalizando el acto de compartir).

Algunas veces la mejor manera de mostrar nuestra aceptación y transmitir un sentido de normalidad no es con las palabras que decimos, sino con cómo actuamos y lo que *no decimos*. Trata de evitar hacer un pronunciamiento sobre qué pensamientos y sentimientos son buenos o malos. No comentes sobre la fuerza o propiedad del sentimiento, por ejemplo, al sugerir que una emoción es muy poco o demasiado. Veremos más sobre cómo *no* validar en un capítulo luego.

Ejemplos: un chico revela un secreto bastante impactante a su madre, pero la madre es cuidadosa al no actuar horrorizada. Al decir "me alegra saber, hiciste bien al decirme y es entendible que estés molesto por esto", ella comunica que los sentimientos del chico son válidos y que el compartir es bienvenido y aceptable, una posición profundamente reconfortante a tomar cuando alguien está angustiado.

Normalizar puede ser llevado a cabo brevemente y como parte de la rutina también. Por ejemplo, si alguien comparte algo con su terapeuta y termina con "pero estoy seguro de que está acostumbrado a ver problemas más importantes en su profesión". El terapeuta puede responder con "tu problema *es* importante. Y muchas personas vienen aquí con las mismas preocupaciones que tú".

Paso 6. Cómo mostrar una validación genuina: sé real

Cuando alguien busca ayuda y apoyo, lo último que quiere es sentir que hacerlo implica que están mal o que son débiles. Al abrirse a otros, a todos nos gusta imaginar que entienden un poco lo que estamos diciendo, porque también son humanos y han experimentado el sufrimiento, la pérdida, la confusión y otros sentimientos negativos. Cuando la persona escuchando se abre un poco a cambio, nos podemos sentir validados inmediatamente. No solo se nos está *diciendo* que estamos BIEN y no estamos solos, de hecho, lo experimentamos.

El paso final de mostrar un entendimiento y que algo te importa de manera genuina es algo que no puede ser fingido. Pero una manera de hacerlo es ofreciendo algo de tu propia experiencia. Esto no es para desviar la conversación o monopolizar la atención, sino para confirmar que tú también sabes un poco cómo se siente. "Yo perdí a mi padre el año pasado y recuerdo sentirme así también".

Sí, siempre es mejor escuchar más y hablar menos y no quieres sucumbir a un consejo sermoneador o a una historia sobre cómo hiciste mejor las cosas, pero ser un poco vulnerable puede ser algo poderoso. No compartas una historia solo para insistir en un punto o infiltrarte en algún consejo; por ejemplo, "cuando mi padre murió, comencé a trotar. Fue lo único que me mantuvo cuerdo" (es decir, creo que *tú* deberías trotar). En lugar de eso, le estás mostrando que estás familiarizado con su emoción a un nivel de primera mano.

No buscaremos frases o ejemplos útiles aquí porque el punto de este paso es reaccionar de manera genuina, como la persona real que eres. Sé honesto. Puede ser tan simple como decir "sé cómo te sientes", pero, si realmente puedes *demostrar* que lo sabes, aún mejor. "¿Te conté alguna vez que lo mismo me pasó el año pasado?" Y si no te puedes identificar, es probablemente mejor decir que no puedes, en lugar de tratar de calzar tu propia experiencia en un intento por coincidir con la de ellos.

Como puedes ver, en ningún punto en este proceso estás arreglando algún problema, ofreciendo solución, consejo o sugerencia, discutiendo, culpando, descubriendo "la verdad" o decidiendo si las reacciones de la persona son razonables o no. Tampoco estás tratando de "ayudar" al proporcionar palabras de sabiduría o usando tus propias experiencias como un ejemplo inspirador.

El proceso de arriba puede tardar una hora en desarrollarse, con diversos giros hacia los niveles anteriores. La persona podría tener que indagar más, discutir de nuevo algunas cosas o contar toda la historia de nuevo antes de estar listo para avanzar o si quiera pedir consejo. O, el proceso podría terminar en un minuto y no proceder hasta el final. La manera en que se desarrolla la validación depende de dos cosas.

- Las necesidades de la persona recibiendo validación.

- Las capacidades, límites y habilidad de la persona proporcionando dicha validación.

Enseñanzas

- A Marsha Linehan se la ha ocurrido un minucioso modelo de seis pasos de validación que podemos usar al escuchar a otros. Cada paso en este modelo depende del anterior. Uno no puede saltar del paso 1 al 6; deben seguirse los pasos en el mismo orden para validar a alguien de la mejor y más reconfortante manera posible.

- El primer paso en este modelo es simplemente estar presente. Aquí debes escuchar activamente a la otra persona y prestar atención de cerca. Dale a la otra persona una valoración sutil a través de señales verbales y no verbales que le indica a las personas que las estás escuchando. Esto hará que la otra persona se sienta cómoda contigo. El segundo paso es llamado reflejo preciso, y aquí es donde debes resumir lo que se te ha dicho para proporcionar mayor tranquilidad e informar que has entendido lo que se te ha dicho. Mantenlo sencillo, pero significante.

- Luego, trata de leer señales sutiles que la otra persona te está dando. Esto implica un poco de trabajo de conjeturas, pero solo necesitas suficiente información para poder etiquetar sus palabras con una emoción. Para el cuarto paso, trata de contextualizar los pensamientos y emociones de la otra persona, sea con eventos recientes de su propia vida o experiencias pasadas que podrían estar influyendo en su reacción.

- El paso cinco es simplemente asegurarle a la otra persona que su reacción es razonable y cualquier otra persona en su posición se sentiría de la misma manera. Por último, para el paso seis, puedes relacionar sus experiencias con las tuyas si has estado en una situación similar. Ser vulnerable aquí establece un lazo más fuerte e invita a una mayor conversación y confianza.

Capítulo 3. Invalidación y autovalidación

Al hablar sobre validación, también hemos inferido un poco sobre su opuesto. Sin embargo, no validar la experiencia de alguien más pocas veces es tan descarado como "oye, tus sentimientos apestan, ¡y no eres válido como una persona!". De hecho, la invalidación ocurre a menudo por accidente, incluso con personas que tratan de ayudar de manera deliberada. Cuando estamos en la parte receptora de la invalidación, podríamos sentirnos mal sin saber por qué; después de todo, ¿la otra persona no estaba tratando de hacer lo correcto?

Imagina a un grupo de amigos, quienes se dan cuenta que uno de ellos actúa raro últimamente, rechazando invitaciones y estando un poco "apagado" en general. Es el miércoles de burritos y todo el mundo se reúne para comer y charlar, pero ese amigo, digamos que se llama James, se excusa y dice que no tiene ánimos para eso. El grupo decide reunirse en la casa de James ese miércoles para animarlo. Estando allí, no pueden evitar sino preguntar qué le pasa.

James explica que ha estado un poco deprimido y no quiere socializar. Está molesto sobre su reciente ruptura y se siente como un fracaso en general en este momento. Sus amigos, quienes piensan que James es genial, saltan inmediatamente a animarlo.

"¡No digas eso de ti mismo! ¡Estás mejor sin ella!"
"¿Un fracaso? Vamos viejo, no es muy tú decir esas cosas".
"¡Anímate!"

Se reúnen a su alrededor con elogios y ánimo, a pesar de que James se siente cada vez más incómodo. Deciden llevarlo a un bar, a tomarse algo, a despejar la mente. El consejo fluye de manera directa y rápida. "Tienes que ir al gym, te sentirás mejor en poco tiempo". "Tienes que volver al escenario de las citas". "Necesitas más vitamina D, créeme".

Es obvio que al final de la noche, James se siente tan mal como antes, o peor. Aunque estaba rodeado de amigos amables y preocupados, el único efecto que eso tuvo es que él ahora estaba consciente de que no tenía permitido sentirse como se sentía, o expresarlo. Encima de su decepción por la ruptura, él ahora tiene algo más por qué sentirse mal: su respuesta es una exageración, algo incómodo, un inconveniente. Después de todo, ¿por qué otra razón sus amigos hacen todo en su poder para distraerlo y a ellos mismos del asunto?

Por otro lado, James podría haberse sentido mejor si tuviese el coraje suficiente para fijar límites con sus amigos y comunicarles claramente cómo se sentía y que no quería salir. Si hubiese sido capaz de aceptar claramente sus sentimientos, podría haber sido más firme al expresarle esos sentimientos a sus amigos.

En este capítulo veremos las dos caras de la invalidación; es decir, descubriremos cómo estar en guardia contra la invalidación hacia otros y también cómo podemos superar ser invalidados. Conectado a esto está la idea de la autovalidación, o cómo podemos evitar invalidar inconscientemente nuestra propia experiencia.

¿Qué es la invalidación?

Volteando nuestra definición original, la invalidación es cuando vemos los pensamientos, sentimientos, experiencia o todo el ser de alguien más como algo inválido. Sabiendo cuánto necesita cada ser humano sentirse visto, aceptado y reconocido por lo que son, la invalidación puede tener efectos profundos. Invalidar a alguien les da el sentido de que la experiencia por la que están pasando, la manera en que se sienten, sus perspectivas, creencias, preferencias, límites e interpretaciones, están de alguna manera *incompletas*. Con la invalidación, de alguna forma nos sentimos poco razonables, sin sentido, indeseados, incorrectos o simplemente nada importantes.

Todo el mundo puede ser afectado por la invalidación pero, los niños, quienes todavía están aprendiendo quiénes son y cómo funciona el mundo, pueden ser los más afectados. Si somos invalidados a menudo y muy temprano en nuestra vida, podemos tener dificultades al saber quiénes somos realmente, incapaces de expresar o entendernos a nosotros mismos o de experimentar sentimientos profundos de remordimiento o baja autoestima. Cuando otras personas se identifican con nosotros y nos aceptan, nos sentimos fuertes; pero cuando somos invalidados, toda nuestra existencia y autoestima puede debilitarse. De hecho, la invalidación en la infancia puede estar en el corazón de muchas condiciones y trastornos mentales.

> Esto podría sonar dramático, pero la invalidación constante puede llevar eventualmente a un sentimiento

profundo de que no tienes realmente el derecho a existir o que tu existencia es de alguna manera defectuosa e insignificante. En algunos casos, puede ser usada deliberadamente como una forma de abuso. La validación es como la fundación para nuestra identidad, para nuestro bienestar, para nuestra habilidad de conectarnos verdaderamente y comunicarnos con otros. Cuando esta fundación es perturbada, puede tener efectos en todas estas áreas.

Todos sabemos qué se siente ser invalidado, pero puede ser complicado detectar exactamente cuando está ocurriendo esa invalidación. Si estamos acostumbrados a ella, podríamos incluso pensar que es normal. La invalidación puede ser dramática o sutil, breve o recurrente, consciente o inconsciente, o puede surgir de maneras verbales y no verbales.

Reconociendo la invalidación

Puede que la invalidación no se haga conscientemente. Muchas personas invalidan a otras porque han sido criadas para aceptar la invalidación como algo normal o ellos mismos han sido crónicamente invalidados. Podrían están incómodos con las emociones o quieren ayudar, pero no saben cómo. Por otro lado, algunas personas invalidan de manera consciente la experiencia de una persona que desean controlar, enseñándole de manera gradual a no confiar en sus propias y precisas percepciones, es decir hacerlos creer que están locos.

Todas las invalidaciones comparten un núcleo en común: le dicen a la otra persona "tu experiencia no es válida". Pero existen diferentes formas. Por ejemplo:

Minimizar: "¿cómo puedes estar molesto cuando otras personas tienen problemas peores?" "Ya deberías crecer, no es para tanto". "Lamento que te sientas así".

(¡Especialmente cuando toma el lugar de una disculpa!).

Rechazar: "ese es el enfoque incorrecto". "No te rebajes a ese nivel". "Solo las personas egoístas se regodean así".

Desestimar: "lo superarás eventualmente". "Eso no es nada". "Ah sí, tienes una crisis de la mediana edad. Únete al club". O simplemente estar distraído cuando hablas y menosprecian lo que dices.

Negar: "no quiero escuchar nada más al respecto". "Ven a hablar conmigo cuando estés listo para ser racional". "Eso nunca pasó/nunca lo dijiste". O simplemente pretender como si no hubiesen escuchado lo que dijiste.

Controlar y juzgar: "te estás pasando de la raya, deberías calmarte". "Estás siendo dramático otra vez". "Lo que dices no tiene sentido alguno". O usar el tratamiento del silencio.

Culpar: "¿por qué siempre tienes que encontrarle un problema a todo?". "Haz molestado a todos otra vez al decir eso". "Bueno, no los culpo por ser malos contigo, tienes ese efecto en las personas".

Aunque hemos establecido un par de maneras diferentes para invalidar a alguien, las categorías de arriba pueden y de hecho se confunden entre sí, y no hay razón por la que alguien no pueda invalidar usando cada una de ellas. Sin embargo, es obvio que cualquiera de estas formas de invalidación puede tener efectos horribles: las personas en la parte receptora se pueden sentir marginadas, inútiles y confundidas.

También existen maneras no verbales de invalidar. Si volteas los ojos, te distraes constantemente por algo más, juegas con tus uñas como si estuvieras aburrido u ofreces un número de expresiones faciales moralistas.

La invalidación puede crear conflicto en las relaciones y erosionar la confianza, intimidad y comunicación. Si creces en un hogar donde tus sentimientos nunca son vistos, reconocidos o aceptados, entonces te será muy difícil ser un adulto que sabe lo que siente, que puede expresarse, ser vulnerable o que reconoce las emociones en otros. En otras palabras, *las personas que se sienten invalidadas a menudo siguen y se invalidan a ellas mismas y a otros.*

Si reconoces que algo de lo de arriba aplica contigo, ¡bien hecho! Puede ser difícil reconocer que no siempre estamos haciendo lo mejor para estar presente y apoyar a otros. Algunas veces nuestras culturas o lugares de trabajo pueden fomentar un comportamiento invalidador. Por ejemplo, a los padres se les dice que minimicen los sentimientos de sus hijos para ayudarlos a fortalecerse o enseñarles una lección, o los lugares de trabajo podrían castigar sutilmente las expresiones honestas y recompensar la franqueza emocional.

Ser un buen comunicador: cómo evitar invalidar a otros

Evitar invalidar a otros es, de muchas maneras, uno de los primeros pasos necesarios para volverte bueno al validar a otros. Los pasos de validación resaltados en el capítulo previo sin duda expresarán una aceptación cortés y atenta a la persona con la que estás hablando, pero puedes imaginar como todo se va por el desagüe si terminas todo el proceso con un comentario como "ok genial, ¡me alegra que hayas terminado con tu pequeña crisis!

Ser un buen comunicador significa estar en guardia para aquellas ocasiones en las que podemos invalidar inconscientemente a otros. Tristemente, la validación no es una habilidad que se le enseñe a las personas directamente, y podríamos haber desarrollado un montón de malos hábitos comunicacionales y suposiciones que de hecho hacen mucho daño cuando tratamos con alguien que se siente vulnerable o consternado.

Por ejemplo, una madre primeriza podría estar expresando una extrema angustia semanas luego del nacimiento del niño y confiarle a una amiga que está teniendo pensamientos bastante oscuros. La amiga, tratando de confortarla, le resta importancia a la situación, pero termina invalidándola cuando dice algo como: "esos solo la depresión posparto, no te preocupes, se te pasará, lo prometo". La madre primeriza termina sintiéndose tan mal como antes, pero también tonta y avergonzada por mencionar el asunto.

O considera a una doctora que está tratando de tranquilizar a un paciente nervioso al decir "no te preocupes, he visto todo esto antes, confía en mí... y puede ser mucho peor que lo que tienes aquí". En lugar de calmar al paciente, este comentario hace que sienta que su problema, por más angustiante que sea para él, no es tan importante como los problemas de otras personas.

Similarmente, podemos causar un daño enorme al invalidar las emociones *positivas* también. Considera a alguien que se ríe de la actitud infantil de su amigo por ir al parque de diversiones y lo molesta por ser eufórico, sin darse cuenta de que su amigo nunca tuvo dicha experiencia en su infancia, y que al decirle que se calme, ha hecho que se sienta avergonzado por lo que pudo haber sido un momento positivo.

En ninguno de estos ejemplos las personas son necesariamente malos comunicadores, y ciertamente no tienen malas intenciones. Sin embargo, dominar la validación significa prestar más atención a cómo podríamos invalidar a otros de alguna manera. Hemos explorado los métodos de validación que deberíamos probar activamente, pero ahora consideremos en detalle qué *no* hacer.

Reto 1: socavar el lenguaje

¡No es lo que dices, es la manera en que lo dices! Es común toparse con la invalidación cuando asumes que solo el contenido verbal como tal de tu comunicación es lo que cuenta. Pero la manera en la que hablas, y el mensaje no verbal que envías es igual (si es que no más) de importante. Piensa en cuánto puede cambiar la pregunta "¿por qué hiciste eso?" con el tono de voz, la postura, expresión facial y los gestos para que pase a ser de una curiosa y gentil indagación a una acusación directa.

Es obvio que, si queremos evitar invalidar a otros, debemos evitar usar un lenguaje directamente hostil, apodos o palabras negativas que hagan que otros se sientan mal. Pero también podemos comunicar la invalidación sutilmente, por ejemplo, con el uso indiscriminado de la palabra "pero". Esta pequeña palabra tiene una manera de cancelar por completo cualquier expresión positiva que esté antes, consolidando lo negativo que viene luego; "eso fue genial, pero me pregunto qué la segunda página me dejó con dudas", la otra persona podría escuchar solo "la segunda página no me hace feliz".

Un buen truco es reemplazar cada "pero" por "y" o simplemente contarlas por completo. "¡Eso fue genial! Y también tenía un par de preguntas sobre la segunda página". Suena mejor, ¿cierto? "Pero" es una palabra de contradicción. Piensa sobre una disculpa con una estructura como "lo siento, pero...", ¡ni siquiera se siente como una disculpa real!

Para ser más validador, también es buena idea evitar el lenguaje beligerante, como dirigiéndote a la persona con afirmaciones de "tú". Estas pueden sentirse chocantes e incluso agresivas. Trata de evitar decirle a las personas lo que piensan o sienten, por ejemplo, con algo como "ahora solo estás cansado" (¡incluso si crees que es cierto!). Elimina palabras como *deberías*, o *tienes que*, entre otras. No estás interesando en lo que otra persona *debe* sentir o hacer, es mucho más útil hablar sobre lo que sienten *de verdad* o lo que han hecho. De la misma manera, las palabras como *siempre, nunca, completamente*, etc., pueden sentirse extremas y apagar la conversación.

Usa afirmaciones de "yo" para tomar la responsabilidad de tu propia perspectiva y respeta la de la otra persona. Hay una gran diferencia entre "me estás confundiendo" y "estoy confundido". Evita diagnosticar a alguien, interpretar sus acciones o explicarle sus experiencias. Comparte tu propio lado e invítalos a compartir el suyo sin acusaciones, críticas o suposiciones.

Reto 2: actitudes sentenciosas

A nadie le gusta pensar que son sentenciosos. Por otro lado, un juicio ocurre en cualquier momento donde observamos algo y evaluamos su valor, algo que difícilmente podemos evitar en la vida. Cuando alguien te habla, puede ser un exabrupto apresurarse a aportar tus propias opiniones y juicios de valor. De hecho, los seres humanos hacen esto casi por defecto y a menudo de maneras más sutiles de lo que creen.

Primeramente, al escuchar a alguien hablar, trata de abandonar la idea de que es tu trabajo (o el trabajo de alguien) descubrir a quién hay que culpar o decidir la conclusión "correcta". Por ejemplo, alguien podría estar quejándose contigo sobre otra persona que insultó a este alguien, y te mentes en el modo detective para tratar de ver si de hecho hubo tal insulto, lo malo que fue y cuánto derecho tiene la persona a sentirse ofendida. Cuando nos ponemos en la posición de juez moral, apagamos instantáneamente la opción para una escucha empática y de mente abierta.

Los cuentos de hadas tienen villanos y héroes, pero la mayor parte del tiempo, la vida no. Cuando las personas se expresan simplemente quieren sentirse escuchadas, y no que las demás personas estén estrictamente de acuerdo con todo lo que dicen o que les digan que de hecho están equivocadas. Aquellos en la posición de un poder relativo podrían asumir que es su trabajo enmarcar la historia que escuchan y decidir qué relaciones y sentimientos son correctos, de acuerdo con su propia cosmovisión. Esto puede ser profundamente invalidador para la persona que está compartiendo y se está abriendo.

También terminamos impartiendo juicio cuando decidimos sobre la correcta *magnitud* de los sentimientos o acciones. Cuando expresas, consciente o inconscientemente, que la experiencia de alguien es demasiado o muy poco, los estás invalidando. Por ejemplo, al decir "eso no es gran cosa", o "en serio deberías preocuparte un poco más por esto", estás juzgando el tamaño de la propiedad de las emociones de esa persona. Pero, ¡nunca es nuestro derecho decirles a las personas *qué* sentir o *cuánto* de eso sentir!

Reto 3: ofrecer consejo o entrar al modo arreglador

Debemos recordarnos a nosotros mismos de manera consistente **por qué** las personas se expresan a nosotros o buscan nuestro apoyo. Rara vez es porque no saben cómo resolver el problema. Es porque quieren ser escuchados y validados y sentir apoyo por lo que están pasando. En otras palabras, es difícilmente un problema práctico, es más bien uno emocional. Al ofrecer un consejo práctico, dejamos la necesidad emocional en la mesa, lo que puede sentirse extremadamente invalidador.

El querer arreglar algo a menudo proviene de un buen lugar, pero puede tener el efecto de hacer que la otra persona se sienta invisible. Trata de no ignorar o minimizar sus sentimientos al apresurarte con una conclusión. Existe la posibilidad de que ya *saben* qué hacer y cómo hacerlo; solo quieren ser escuchados, tranquilizados, aceptados o consolados.

Cuidado con las maneras sutiles de "arreglar", como cuando preguntas "¿haz pensando en XYZ?"; especialmente si XYZ es algo obvio que la persona seguramente ya consideró. Evita tomar responsabilidad y tratar de hacer que sea tu trabajo animar a la persona y resolver todos sus problemas.

Si actúas como si el problema es algo simple que puede ser resuelto fácilmente, en esencia estás borrando las dificultades de la persona, como diciendo "si solo pudieras ver la solución tan claramente como la veo yo, no estarías tan molesto. ¡Voilà!".

De la misma manera, el consejo no es una buena idea a menos que sea solicitado explícitamente. Evita cosas como "si yo fuera tú…", o "lo que usualmente hago para resolver este problema es…". El consejo podría parecer relevante para ti, pero podría no sentirse de la misma manera para la otra persona. Recuerda, después de todo no se trata de ti.

Reto 4: insinceridad

Aunque rara vez pensamos al respecto, existen maneras culturalmente arraigadas para tranquilizar a las personas angustiadas. Todos tenemos un modelo mental de cómo se oye un buen amigo, o una madre cariñosa o un terapeuta compasivo, y podríamos ni siquiera darnos cuenta de que estamos recurriendo por inercia a expresiones gastadas como

"¿cómo te hace sentir eso?", o "shh, todo estará bien".

Aunque estas maneras estereotípicas de responder a las emociones de otra persona podrían haber tenido orígenes genuinos, la verdad es que a menudo no suenan sinceras. Soltando una respuesta automática o algún truismo que se supone debe ser útil de hecho no ayuda. Piensa en algún aforismo como "el tiempo cura todas las heridas", o "¡eres más fuerte de lo que crees!"

Para que la validación funcione tiene que sentirse real. La otra persona tiene que sentir que están teniendo un encuentro genuino con alguien que realmente la entiende y acepta, en un nivel humano. ¿Cuántas personas pueden volver a lo que piensan como una voz amable y simpática, pero la cual puede sonar para otros como increíblemente condescendiente e irritante? Una inclinación de la cabeza, una expresión de "preocupación" y un falso "uy, ¡qué triste por ti!" probablemente sea recibido como un insulto o menosprecio en lugar de una preocupación genuina.

"Estarás bien, lo prometo", o "todo estará bien" son frases vacías que no solo fallan al tranquilizar a alguien, sino que le dicen a la otra persona que realmente no estás escuchando y no tienes algo genuino que decir. Después de todo, ¿cómo sabe alguien cómo resultarán las cosas? Incluso si la persona estará bien en el futuro, ¿qué hacen con el hecho de que no se sienten BIEN *en este momento?*"

Superando la invalidación

Terminaremos este capítulo con una consideración de qué hacer si tú mismo te sientes invalidado. Como podrías ya haberte dado cuenta, las razones por las que las personas se invalidan entre sí son muchas, incluyendo simple descuido. Pero, algo que recordar es que la *invalidación no tiene nada que ver con la persona que la recibe*. No refleja su valor como persona.

El principio que fluye a lo largo de todo este libro es que las emociones, pensamientos y las experiencias vividas *no pueden estar equivocadas*. Son lo que son, y no depende de otras personas (o siquiera nosotros) decidir que no son válidas. Si nos sentimos invalidados, podríamos responder como si se tratara de una herida y podemos querer defendernos. Podríamos obstinarnos al tratar de que nos entiendan o al buscar un consuelo extra.

Sin embargo, antes de saltar a reaccionar, hazte un par de preguntas importantes para determinar si vale la pena siquiera tratar y razona con la persona que te ha invalidado. Pregúntate si la persona es cercana a ti, y si ha hecho intentos genuinos para entenderte en el pasado. ¿Es realmente un buen uso de tu tiempo y energía decirle que te ha invalidado? ¿Su opinión siquiera te importa? ¿Es el momento para mencionar su invalidación o podría ser percibido mejor si lo hago luego? Si, luego de considerar estas preguntas, crees que responder es lo adecuado, sigue estos pasos:

1. Primero, no aceptes la invalidación. Procesa cómo se siente, pero ten en cuenta que esto no te define ni a ti ni a tus experiencias.

2. Comunícate calmadamente y con afirmaciones de "yo" sobre cómo la invalidación te ha afectado.

3. Dependiendo del resultado de esto, puedes reivindicar un límite o escoger terminar la conversación en su totalidad.

4. Si rutinariamente eres invalidado por alguien, podría ser momento de considerar el valor que tiene esa relación en tu vida.

Lo importante a recordar aquí es que no debes entrar a un debate sobre si su invalidación o tu deseo de validación está bien o mal. Simplemente estás estableciendo un límite sobre cómo quieres ser tratado. Lo que el límite debería ser depende totalmente de ti y puede variar dependiendo de cómo fuiste invalidado exactamente.

Al aprender cómo validar a otros, nosotros mismos nos volvemos mejor al reivindicar nuestra propia confianza y límites. Usa mantras y lemas (como "todos los sentimientos son válidos") para recordarte a ti mismo que tienes derecho a tu experiencia. Nunca puedes exigir que las personas afirmen, gusten de ti o estén de acuerdo contigo, pero puedes esperar respeto, y siempre tienes permitido alejarte de las relaciones donde no se respeta tu genuina experiencia.

El camino a la autovalidación

Es muchísimo más fácil lidiar con el hecho de ser invalidado si tienes tu propio sentido interno de confianza y autoestima. Si tienes el hábito de socavar tu propia experiencia, es posible que no seas capaz de defenderte contra lo mismo proveniente de otras personas, y podrías incluso invitarlo. La autovalidación es un acto de compasión contigo mismo. Es confirmar constantemente para ti mismo "yo importo tanto como cualquier otra persona, y mi perspectiva es válida. Mis pensamientos, sentimientos y emociones son míos y no están mal. No importa lo que otros digan, tengo una creencia y respeto en mí mismo". ¡Qué actitud tan poderosa!

Existen diversas maneras en la que puedas validarte a ti mismo. Las afirmaciones son una gran manera en la que repites para ti ciertas líneas o pasajes prescritos. Puedes encontrar material genial en línea o escribir unos tú mismo. Toma nota de todos los pensamientos negativos que entran en tu cerebro cuando eres invalidado, y luego escribe las cosas que desearías que alguien más te haya dicho para aliviar tus preocupaciones. En adición a usar afirmaciones, también puedes mantener un diario donde practicas la gratitud y aprecias las buenas cosas que hiciste ese día en particular.

Esto ayuda a fomentar una tercera forma de autovalidación, la cual es practicar la reflexión positiva. Cuando cultivas este hábito, no necesitas tener un diario contigo. Serás capaz de tranquilizarte a ti mismo durante cualquier problema por el que estés pasando. Es fácil disimular nuestras fortalezas y enfocarnos desproporcionalmente en las debilidades, pero este hábito puede superarse con práctica y disciplina.

También puedes usar el modelo de seis pasos de Linehan para la validación de ti mismo. Nada en los pasos necesita a otra persona para que sean llevados a cabo. Puedes ser consciente tus propias emociones, razonar con ellas, contextualizar tu reacción dentro de un esquema más amplio de los eventos en tu vida, tranquilizarte a ti mismo con que otros podrían reaccionar de manera similar, y recontar las veces en las que otras personas que conoces han enfrentado problemas similares como tú. No tienes que ser amigos o familiares, puede ser quien sea.

La madurez real llega cuando somos capaces de tolerar el desacuerdo y conflicto, cuando somos capaces de ver que las personas no comparten nuestra perspectiva, pero podemos sin embargo valorar la diferencia y afirmar su validez de todas maneras, para nosotros mismos y para otros. Escuchar con consideración y con respeto no significa que estarás de acuerdo de manera automática. Pero, cuando tienes confianza y seguridad en tu propia autoestima, podrías encontrar que buscas mucho menos validación y estás más preparado a ofrecerla a otros.

Cada ser humano tiene una vida emocional y una experiencia interna que es completamente suya y a la cual tiene derecho. Cuando se trata de la validez de otros y nuestra propia validez, no podemos evitar apoyar una cuando apoyamos la otra. En un argumento, por ejemplo, dos personas están seguras de que la validez de su propia experiencia podrá alcanzar una resolución más rápidamente.

Ambos pueden decir al otro "puedo ver lo que es ser como tú, y me alegra que puedas ver lo que es ser como yo. Ninguno de nosotros está equivocado. Incluso si no estamos de acuerdo, seguimos siendo personas válidas y nuestras experiencias siguen siendo reales, importantes y merecedoras de respeto". ¿Puedes imaginar lo difícil que sería tener un conflicto serio si ambas personas se sintieran de esta manera?

Enseñanzas

- La invalidación es hacer o decir algo que hace que la otra persona sienta que sus sentimientos, emociones e incluso todo su sentido de sí mismo estén mal y sean poco razonables. Las personas que han sido invalidadas regularmente durante su infancia desarrollan problemas emocionales y mentales severos en su vida adulta. Están en riesgo de desarrollar un trastorno mental, practicar comportamientos invalidadores ellos mismos, tener un débil sentido de sí mismos y dudar de sí mismos constantemente.

- Las personas que invalidan a otras generalmente lo hacen por dos razones. Primero, quieren hacer el bien, pero no conocen la mejor manera de validar a alguien más, por lo que terminan minimizando, juzgando o negando los problemas de los demás. Sin embargo, existe otro grupo de personas que invalidan intencionalmente a otras personas, para hacerlos pasar por locos. Aquí, las personas entrenan a otros para que duden de su sentido de percepción de las cosas al invalidarlas de manera continua.

- Algunas de las maneras más comunes en las que podríamos invalidar a otros incluyen usar un lenguaje socavado, tener actitudes moralistas, tratar de arreglar los problemas de otras personas cuando solo quieren ser escuchados, etc. Evita usar palabras como "pero" al reemplazarla con "y" mientras también tienes cuidado de tu tono al conversar. No hagas uso del juicio y recuerda que no te están pidiendo una solución, la otra persona simplemente quiere que sus pensamientos sean escuchados.

- Cuando alguien te invalida, es esencial establecer límites claros, especialmente si la otra persona es cercana a ti. Si no, podrías simplemente escoger terminar la conversación y poner un alto al contacto. Pero si son cercanos, querrás usar calmadamente afirmaciones de "yo" para transmitir cómo te hizo sentir la invalidación y fijar límites que establezcan cómo quieres ser tratado en el futuro.

- Cuando otra persona no te da la validación que quieres, practica la autovalidación. Usa afirmaciones, diarios, practica la reflexión positiva o puedes incluso usar el modelo de seis pasos de Linehan por ti mismo. Todas estas prácticas te ayudan a ser autosuficiente y menos dependiente de otras para afirmar tus pensamientos y emociones.

Capítulo 4. Validación y conflictos

A: "siento que siempre me estás criticando..."
B: "¿de qué estás hablando? ¡Nunca te he criticado!"
A: "Sé que no lo haces *a propósito*, pero es como se siente".
B: "bueno, ¿qué dije? Me retractaré".
A: "no es sobre lo que dijiste..."
B: "bueno, no sé lo que quieres, ¿tengo que disculparme por algo que nunca hice?"

En este capítulo, indaguemos un poco más sobre cómo se ve la validación (y autovalidación) realmente en el mundo real, donde los conflictos enredados son posibles. Aunque no es muy difícil entender y simpatizar con alguien que está molesto, es una historia completamente diferente cuando está molesto con *nosotros*. Y aunque podemos reconocer que alguien tiene derecho a su propia perspectiva, puede ser muy difícil saber qué hacer cuando esa perspectiva amenaza directamente la nuestra.

Ya hemos mencionado que la validación no es lo mismo que estar de acuerdo. Cuando validamos a alguien, no estamos diciendo que sus reclamos y evaluaciones son *verdaderas* o que nos agradan, solo que tienen el derecho a sentir lo que sienten. La validación es una excelente herramienta para ayudar a las personas que están angustiadas, para volverse un mejor oyente, un amigo más comprensivo y más. Pero, quizás esto muestre sus mejores colores en situaciones más difíciles, es decir, cuando las personas no estén de acuerdo o hay una agresión u hostilidad descarada. La validación es una poderosa herramienta para tratar con desacuerdos intensos, malentendidos, argumentos u oposiciones, como en el ejemplo de arriba.

La validación no es estar de acuerdo

Quizás al leer los capítulos anteriores has pensando "todo eso suena genial, pero ¿qué hay de hablar con una persona que claramente está equivocada/loca/ofensiva/simplemente mal? Seguramente no hay una forma real para validar eso".

Deberíamos comenzar con el principio fundamental: **la validación no es sobre ideas, pensamientos o sentimientos. Es sobre las personas.** Cuando validamos a alguien, estamos reconociendo su derecho a ser como es, independientemente los detalles. *Queremos ofrecer una validación emocional y no una validación informativa.* Así que, en teoría, no importa lo bizarra que sea la perspectiva de alguien o lo equivocado que esté. Claro que, en la práctica es otra historia...

Digamos que te están contando una historia donde alguien se siente irrespetado, cuando sabes que de hecho no es así. O escuchas la ira de alguien, pero, en tu opinión, es ese alguien es quién está equivocado y no puedes sino ponerte del lado de la otra persona. Compara las siguientes respuestas para alguien que se siente insultado:

A: "tienes razón. La otra persona es definitivamente un idiota".

B: "oye, honestamente no creo que tuvieran la intención de ofenderte".

C: "puedo entender que te sientas menospreciado, considerando lo que me has contado".

Aunque la respuesta A es técnicamente un acuerdo, de hecho, no es mejor respuesta que B, ya que ninguna está validando la emoción tanto como el contenido. Solo la respuesta C ofrece validación para la experiencia de la persona, separado del hecho de si está equivocada o no sobre ser insultada. Veamos un ejemplo incluso más complicado, y algo que con lo que muchas personas tienen problemas: ofrecer validación a alguien cuya perspectiva es vista como algo completamente erróneo o incluso opuesto a su propia perspectiva.

"Es obvio que el mundo está siendo manipulado por una raza de reptiles malignos que pueden cambiar de forma".

Respuesta no validadora: "mm... en serio no crees esa tontería, ¿o sí?"

Respuesta validadora: "vaya. Parece que toda la idea te aterra..."

"¡Las mujeres eran mucho más felices en los 50 porque conocían su lugar!"

Respuesta no validadora: "[una cadena de improperios]"

Respuesta validadora: "habiendo crecido en los 50, puedo ver por qué te sientes así".

"Solo eres un terapeuta, solo pretendes que te importa porque las personas te pagan".

Respuesta no validadora: "solo estás proyectando".

Respuesta validadora: "puedo ver que estás molesto conmigo en este momento.

También creo que sabes que cuando dices eso, realmente me duele".

Como puedes ver, la validación es posible incluso cuando sentimos que la otra persona es completamente irracional u ofensiva. En el tercer ejemplo, el terapeuta abiertamente reconoce el desacuerdo y la ofensa, y aun así toma nota y respeta los sentimientos de la otra persona. Siempre podemos esforzarnos por comunicar que la otra persona tiene todo el derecho a sentirse cómo se siente (es decir, validarlas), mientras reivindicas tus propios límites y sabes que *nosotros* también podemos sentirnos como nos sentimos (es decir, autovalidación).

Siempre podemos decir algo que reconoce que, dado el historial y perspectiva de esa persona, sentirían lo que sienten. Algunas veces puede ser más difícil ofrecer aceptación y reconocimiento a aquellos con los que estamos en desacuerdo porque no queremos que piensen que tienen razón, o no queremos que sientan que somos cómplices de sus acciones y creencias. Pero nosotros simplemente nos recordamos a nosotros mismos que no tenemos que estar de acuerdo con ellos, nunca. Podemos ofrecer entendimiento, respeto y consideración, todo sin cambiar nuestras opiniones o las de ellos.

Sin embargo, si puedes hacer esto, no te sorprendas si las opiniones extrañas de las otras personas comienzan a parecer menos extrañas luego de un rato, y que ellos, luego de sentirse escuchados y respetados por ti, están mucho más dispuestos a escuchar tu lado de las cosas. Los argumentos y malentendidos a menudo se disuelven cuando las personas pueden genuinamente poner a un lado las preconcepciones (sí, incluido tú) y tratan de escuchar realmente lo que la otra persona está diciendo.

Mira más allá de la simple información que están compartiendo y mira el contenido emocional. ¿Cómo puedes respetar su experiencia y tener compasión al ponerte en sus zapatos? Si miramos honestamente, debajo de la superficie de detalles, podemos ver que los humanos son seres emocionales. Cuando reconocemos y afirmamos las sinceras realidades emocionales entre nosotros, puede tener un efecto de derretir los desacuerdos que existen "allí afuera" en el mundo. Puede ser muy liberador darte cuenta que siempre puedes ofrecer esto a otra persona, sea que te identifiques con ella o no.

¿Practicar la validación significa que nunca puedes corregir la desinformación obvia o desafiar los pensamientos y actitudes que puedan en serio dañar a otros? Por supuesto que no. Pero todo esto puede ser hecho *en adición a* ofrecer validación emocional. Por ejemplo, "puedo ver que estás muy molesto con la idea de que todos se rían de ti. Puedo imaginar lo nervioso que eso te hace sentir, dado que las personas no han sido amables contigo antes. También me pregunto si sabes que, verdaderamente, ¿realmente no se estaban riendo de ti?"

Volvamos a la conversación con la que comenzamos:

A: "siento que siempre me estás criticando..."

B: "¿en serio? Oh no. No era mi intención criticarte."

A: "Sé que no *querías* hacerlo, pero es como se siente".

B: "Oh vaya. Veo que esto te ha molestado bastante. Lamento que te sientas criticado" **(Nota que la validación ocurre sin estar de acuerdo con A necesariamente).**

A: "Vaya, gracias, para ser honesta no eres tú realmente, algunas veces puedo estar muy sensible..."

Validación en medio de desacuerdos

Pasa algo gracioso cuando practicamos rutinariamente la validación: comenzamos a darnos cuenta de que los desacuerdos no son un problema grande. Es posible estar en desacuerdo con alguien sin ser desagradable, y puedes seguir validando activamente a otros y a ti mismo incluso cuestionando activamente sus puntos de vista. Aunque todo esto suena muy lindo en teoría, ¿cómo lo logramos en la vida real?

Usar la validación puede ser difícil en un mundo que parece estar construido sobre división y hostilidad. Parece que hoy no puedes dar un paso hacia alguna dirección sin antes ver una diferencia de opiniones que lleva a la hostilidad y a un conflicto vicioso. Pero, sin importar quienes somos, siempre podemos dar el ejemplo y practicar la civilidad.

Tres reglas para un desacuerdo respetuoso y con tacto.

- Comienza por tratar de **entender el punto de vista de la otra persona antes de tratar de que entiendan el tuyo.** Comienza la interacción con una mente abierta y pon las expectativas, parcialidad y prejuicios a un lado. Antes de ponerte a la defensiva y cerrarte, escucha realmente lo que la otra persona está diciendo con validación y sin juicio.

- **Enfócate en las personas, no en las ideas.** Las personas no son su visión. En un desacuerdo, no estás de acuerdo con una idea o concepto, y no con la persona que sostiene esa idea o concepto. Las creencias pueden cambiar, pero las personas siempre son merecedoras de respeto y entendimiento. Otra manera de abordar esto es que las relaciones son casi siempre más importantes que ganar argumentos. Es perfectamente posible tenerle mucho aprecio a una persona y aun así no estar de acuerdo con lo que piensa.

- **Busca puntos en común.** Las personas siempre tienen más en común de lo que creen al inicio. Incluso si difieres, ¿no son ambos humanos y comparten experiencias fundamentales de vida? En lugar de escoger ver a otros como enemigos, busca deliberadamente maneras de conectarte con ellos a través de la amistad y entendimiento. ¡Podrías incluso crear un vínculo sobre como ambos comparten un frustrante desacuerdo!

Cuando las personas miran a otros principalmente en términos del contenido de sus pensamientos y opiniones, pueden perderlos de vista como *personas*, quienes tienen un mundo interno y una realidad emocional que es real y válida como la de uno mismo. Así que, en lugar de ver a las personas como personas, las vemos como miembros de diferente raza, etnia, nacionalidad, grupo político, demografía, generaciones o grupos religiosos. Y cuando los vemos de esa manera, no podemos evitar concebirnos a nosotros mismos de la misma manera, opuesto a ellos. Comenzamos con enmarcar cosas en términos de "nosotros contra ellos" y nos olvidamos completamente que la persona ha llegado a su propia cosmovisión y perspectiva de la misma manera que nosotros.

A muchas personas les gusta pensar en ellas mismas como almas compasivas y empáticas quienes son de mente increíblemente abierta... pero claro que, el truco es que solo sienten que deben comportarse así ¡con otros que están de acuerdo con ellos! Con el despertar de la secuela del COVID-19 y el empeoramiento de las divisiones en todo el mundo, es más fácil que nunca asumir que aquellos que no están de acuerdo con nosotros no solo están equivocados, sino que son completa y totalmente despreciables y más o menos merecen morir.

Más cerca de casa, los individuos pueden encontrar que las tensiones políticas globales y las controversias se filtran en sus relaciones personales. Una pareja podría tener una pelea bastante seria sobre el movimiento #MeToo, o una familia podría sentir que no pueden comer en la misma mesa porque podría llevar a una pelea de gritos por política. Los amigos podrían terminar amistades porque no están de acuerdo sobre el cambio climático, o algún otro tema candente que agudamente divida la opinión. ¿La validación genuina tiene lugar en un mundo lleno de disputas y discordia?

Recordemos que el punto de la validación es proporcionar a la persona que estamos escuchando el sentido de que son vistos, escuchados, reconocidos y aceptados. ¡Y esto es algo que también debemos anhelar! Aunque nuestra reacción por inercia a ideas que no nos gustan podría ser resistirnos, o ponernos agresivos o ignorarlo y ya, siempre tenemos en nuestro poder la habilidad para validar la realidad emocional de alguien (y la nuestra).

Cambiando la meta de la interacción

Los argumentos y la hostilidad pueden surgir cuando, consciente o inconscientemente, tenemos las siguientes metas en la conversación:

- Estar en lo correcto.
- Convencer a otros que piensen como nosotros.
- Sentirnos superior.
- Descubrir "la verdad".
- Castigar a los que están mal o son estúpidos.
- Defendernos de cualquiera que ataque nuestras creencias.
- Probar algo.

Sin embargo, podemos cambiar completamente la manera en la que participamos con otros cuando cambiamos nuestro enfoque y tenemos solo una meta:

- Ver y ser visto, entender y ser entendido.

El primer conjunto de metas gira en torno al contenido, mientras que el segundo conjunto de metas es simplemente trabajar al nivel de la validación y respeto individual. Cuando validamos a otros, superamos teorías y argumentos, y llegamos a la raíz: nos conectamos con ellos como personas y comunicamos que su realidad interna es aceptable, importante y vista.

Cuando las personas argumentan sobre temas realmente alarmantes (religión, sexo, políticas, etc.), a menudo se envuelven en la hostilidad porque no se sienten vistos o entendidos. Reaccionan defensivamente y se comportan de maneras que hacen no puedan ver o entender el punto de vista de la otra persona. No ser visto o apreciado puede sentirse como una amenaza, una a la que respondemos al amenazar a otros de la misma manera. Es un círculo vicioso.

Pregúntate a ti mismo:

¿Puedes ver cómo la otra persona ha llegado a su punto de vista?

¿Alguna parte de eso tiene sentido para ti?

¿Puedes ver cómo sus valores fundamentales son reflejados en cómo se comportan en lo que dicen?

¿Hay cosas positivas si ambos estamos de acuerdo?

Recuerda, al usar la validación no estamos tratando de ver si estamos de acuerdo o no, sino si podemos ver a alguien que es diferente a nosotros y decir "te veo. Te entiendo". Si dudas del poder de hacer esto para otros, trata de imaginar por un momento el efecto que estas palabras tienen sobre ti cuando las escuchas de alguien que asumías era tu completo enemigo.

Decir *genuinamente* "no estoy de acuerdo contigo, pero veo por dónde vienes y respeto eso", puede ser una forma poderosa de curar la división y conectar con las personas. Al acercarnos de esta manera, el diálogo es posible. Puedes comenzar a hacer preguntas para entender mejor el otro lado y tratar de explicar tu propio punto de vista. Nuevamente, esto no es para persuadir o sermonear, sino para ayudar en el entendimiento.

Los desacuerdos en la vida son inevitables. Pero siempre tienes una elección sobre cómo responder a la diferencia. No hay una única perspectiva que sea "correcta" o mejor que otra, y una conversación genuinamente respetuosa puede ampliar el alcance de alguien en lugar de cerrarlo. Antes de seguir adelante, aquí están algunas preguntas a considerar cuando te encuentres con la fricción en la vida diaria:

- ¿Vale la pena realmente estar en desacuerdo por este problema? ¿Pierdes algo al ceder?

- ¿Cuáles son tus propios valores y límites sobre este asunto? ¿Cuáles son tus responsabilidades al comunicarlos?

- ¿Cuáles son tus puntos ciegos, parcialidades, expectativas y fallas personales cuando se trata de este asunto? ¿Qué podrías aprender?
- ¿Tu comunicación verbal y no verbal está transmitiendo aceptación?
- ¿Estás siendo respetuoso y has tratado de encontrar puntos en común?

Si sinceramente has hecho lo mejor con alguien con quien no estás de acuerdo, esto no significa que no puedes alejarte cuando las cosas no mejoran. Una persona no puede tener una conversación validadora y respetuosa por sí solo, podrías tener que trazar una línea y decir "no nos vemos directamente a los ojos aquí, eso está bien, pero voy a detener la conversación aquí". No te disculpes por tener una opinión diferente o por reivindicar un límite. Podrías darte cuenta que, algunas veces, ¡un desacuerdo honesto es el primer momento de sinceridad real de toda la discusión!

Validación en casos de conflicto

Terminaremos el capítulo con la parte más complicada de usar la validación durante un conflicto: esas ocasiones cuando la otra persona está molesta *contigo*. Aquí necesitas una estrategia prudente. Puede ser bastante difícil afirmar la percepción negativa que alguien tiene sobre ti mientras deseas que no fuese cierto, incluso (¿especialmente?) cuando su crítica parece dar en el clavo.

Pero, *siempre* podemos afirmar y aceptar las perspectivas de otros, incluso si nos encontramos a nosotros mismos dentro de esa perspectiva, ¡y no exactamente de la mejor manera! Todo se reduce a equilibrar cuidosamente la validación con otros con la autovalidación, o escuchar sus quejas de ti con compasión y aceptación, sin ser sumiso o afectar tu autoestima. Podemos mostrar respeto hacia otros mientras nos mantenemos firmes. Más que eso, podemos aprender genuinamente a ser mejores personas sin sucumbir a los juegos de culpa y acusaciones.

Es clave entender que la validación en esta circunstancia puede de hecho *ayudarte*; superas los conflictos más rápidamente y tienes una mayor oportunidad de ser visto y entendido. También puedes usar lo que te han dicho para convertirte en una mejor persona al trabajar en las áreas que han criticado si crees que hay mérito en sus afirmaciones. Realmente es una situación ganar-ganar. Si consideramos la historia de las personas, sus percepciones, su personalidad, y demás, entonces su realidad emocional **siempre tiene sentido**. Y eso es cierto incluso si están molestos contigo o hacen acusaciones que no son justas.

Recuerda que nuestra meta no es ganar argumentos, para ganarle a la otra persona, para sentirnos superiores o para sacar al aire hechos. En lugar de eso, la meta es ver y ser visto. Así que, la cuestión se convierte en: ¿cómo puedes mantener tus propios límites y validar tu posición validando simultáneamente los límites y posición de otra persona?

Es por esto que la autovalidación puede hacer que sea más fácil validar a otros, podemos **compartir** el sentimiento de ser escuchados, de ser importantes, o de ser vistos y entendidos. Ya estamos unidos cuando trabajamos juntos para lograr esto para ambos. Aquí tienes algunos pasos a seguir para aplicar las técnicas de validación que ya hemos abarcado, con algunas estrategias adicionales.

Paso 1: siempre comienza escuchando, estando presente y abriendo tu mente. No contraataques ni interrumpas. Tendrás tu oportunidad para hablar luego.

Paso 2: refleja lo que has escuchado al parafrasear o hacer preguntas. Habla sobre las emociones aquí y no de datos fácticos. Se consciente de tu elección de palabras, tono y lenguaje corporal. Cualquier indicación de que te has ofendido hará que la otra persona se ponga a la defensiva y escalará potencialmente el argumento. Esto es especialmente importante si la conversación no ocurre cara a cara. Recuerda, buscas primero entender antes de ser entendido. No estás evaluando los sentimientos que están compartiendo, solo estás apreciando lo que son.

Paso 3: acepta la responsabilidad. Puedes validar las acusaciones de alguien cuando aceptas sencilla y neutralmente que podrían tener la razón. No tienes que aceptarlo todo, pero sé honesto. No estás argumentando o defendiendo algo, o buscando algo para acusarlos. Solo estás aceptando lo que por derecho te pertenece. Nota que no tienes que estar de acuerdo con el contenido, sino con la emoción debajo de dicho contenido. Si una persona te acusa de despreciarla, puedes reconocer que has estado un poco distraído últimamente sin aceptar que estás dispuesto a insultarla.

Paso 4: reivindica tu propia versión de las cosas. Aquí está el acto de equilibrio esencial. Calmada y neutralmente reivindica tus propios límites (si es necesario) y trata de compartir cuál ha sido tu experiencia. Pero ten cuidado, que esto solo será escuchado si la otra persona siente que has reconocido su parte. Usa el lenguaje no beligerante enfocado en "yo" y evita las explicaciones que suenen como excusas o argumentos. Aquí puedes simplemente compartir tu propia realidad emocional, la cual también es válida. Podrías tener que pasar por los pasos 1 al 4 un par de veces antes de llegar a una resolución.

Paso 5: si se siente apropiado, cierra el argumento con más validación. Usa el lenguaje de "nosotros" para enfatizar que es "nosotros contra el problema y no yo contra ti". Agradece a la persona por compartir sus preocupaciones contigo, y por escucharte a cambio. Incluso el conflicto puede ser útil si fortalece las conexiones entre las personas.

Ahora, desde luego, todo esto suena demasiado bueno para ser cierto. Los argumentos pueden algunas veces agriarse incluso si haces lo mejor para validar. Y algunas veces los problemas necesitan más que una discusión para ser correctamente debatidos. Podrías encontrarte que la ira de las personas las hace incapaces de escucharte u ofrecer mucha compasión, especialmente si se sienten ofendidas por ti. Podrían rechazar el intento que hagas por conciliar o discutir, y podrían parecer querer solo hacerte sentir mal a cambio.

En este caso, evita la tentación de voltear las cosas y molestarte con ellos. En lugar de eso, asume tus responsabilidades rápida y felizmente, reivindica tus límites y sigue adelante. Cuando practicamos la validación y la autovalidación juntas, podemos siempre equilibrar el respeto y la compasión para nosotros mismos con lo mismo para los otros.

Enseñanzas

- Una cosa es validar as alguien cuando sus quejas tienen en la mira a alguien más. Es algo completamente diferente validar cuando eres la fuente de sus frustraciones. Otro escenario desafiante es validar a alguien cuando están apoyando visiones o pensamientos que son normalmente aborrecibles por ti. Sin embargo, en ambos casos es esencial que nos enfoquemos en la persona y no en el contenido de su argumento. Siempre recuerda que la validación no es un acuerdo; puedes validar sin aceptar la visión de alguien.

- Existen tres pasos básicos que puedes seguir al tratar de validar a alguien que vocifera afirmaciones inaceptables. Primero, trata de entender su emoción y punto de vista antes de intentar hacer entender tu propio punto. Segundo, enfócate en la persona, por lo que están pasando y sobre qué se afincan antes de juzgar. Tercero, enfócate y trata de encontrar puntos en común entre los dos. Incluso si parece no haber ninguno, siempre lo hay. Solo tienes que evitar que te desinterese tanto la conversación al punto que dejas de buscar.

- Es fácil sentir que estás haciendo algo mal al validar a alguien que dice cosas que de perturban u horrorizan, pero es importante tener en cuenta que la validación no significa estar de acuerdo. Es esencial que reconozcamos que todo el mundo tiene una realidad emocional interna que es válida y no tenemos derecho a juzgar a las personas por eso, especialmente cuando no hemos tomado el tiempo y esfuerzo para entenderlos apropiadamente.

- Validar a alguien que está molesto contigo es una habilidad sutil pero altamente útil. La forma principal de hacer esto es recordándote constantemente que el punto no es ganar un argumento ni establecer tu superioridad sobre la otra persona. Solo estás permitiendo que la otra persona se exprese y aceptando sus emociones incluso si no estás de acuerdo con ella. Escúchalas atentamente, acepta la responsabilidad de tus acciones, ofrece un lado de las cosas calmadamente y sin invalidar lo que se ha dicho, y termina la conversación con más validación y enmarcando el asunto como un problema de "nosotros" en lugar de "yo contra ti".

Capítulo 5. Empatía: más allá de la validación

Si constantemente chocas con alguien en tu lugar de trabajo, eventualmente puedes alcanzar un punto donde se dicen "mira, no estamos de acuerdo, pero esto está bien. Veo por dónde vienes, y hasta cierto punto tiene sentido para mí. No me gusta tu opinión, pero la entiendo". Eso sería muy satisfactorio, y probablemente se entiendan lo suficiente en la oficina para superar sus diferencias con respeto y tacto. Nadie esperaría que poseas un entendimiento profundo del mundo interior de tu colega y respetarlo a un nivel humano; de hecho, ¡sería un poco raro! Ser civilizado es simplemente suficiente.

Sin embargo, estoy seguro de que puedes ver que "estar de acuerdo o no" es algo que no funcionaría tan bien en, digamos, el matrimonio o las relaciones entre padre e hijo. ¿Puedes imaginar a un esposo diciéndole a su esposa en la terapia de parejas "oye, lo que sea mejor para ti"? ¡Probablemente no! Esto es porque, mientras la validación es genial, no alcanza necesariamente el nivel de empatía genuina. Y es la empatía genuina lo que es esencial en las relaciones cercanas y personales.

Hemos visto que la validación difiere de la empatía. Con la validación reconocemos que la experiencia de otra persona es intrínsecamente válida. Mientras que, con la empatía, *sentimos* ese mundo para nosotros, de adentro hacia afuera.

La validación cara a cara con la empatía

¿Qué es la empatía? Cuando estamos conscientes de y nos podemos relacionar con la realidad emocional de alguien, somos empáticos. Podemos practicar la validación y respeto incluso cuando no entendemos realmente las emociones de la persona frente a nosotros. Así que es posible validar la experiencia de alguien sin necesariamente tener empatía por ella. Sin embargo, cuando tenemos empatía, es mucho más fácil validar a la otra persona, y ciertamente, los conceptos coinciden.

La validación es reconocer la validez del mundo interno de otra persona, mientras que la empatía es *entrar en ese mundo interno.*

Con la empatía, entendemos a las personas más allá de lo intelectual. Las vemos como son realmente, en lugar de verlas como *somos nosotros* o como desearíamos que fueran. Podemos ver y conocer su sufrimiento porque nosotros, también, hemos sufrido. Podemos verlas y entender su punto de vista como ellas mismas lo ven. La empatía y la compasión están muy cerca, porque si sabemos cómo se siente alguien, casi sin dudar las tratamos con amabilidad.

La empatía puede tener diversas formas y enfocarse en la empatía cognitiva (entender los pensamientos y el mundo intelectual de alguien), o la empatía emocional (entender sus sentimientos). Pero, la empatía en general es usada para hablar sobre cualquier sensación que tengamos donde podemos poner a un lado nuestra propia perspectiva y prioridades, y ver en las de la otra persona. Con la empatía, vemos a otros y tenemos sentimientos compasivos por el hecho de que su experiencia es demasiado diferente a la de nosotros y aun así merecedora de amor y respeto.

Con la validación, dejamos que la otra persona conozca que su mundo *tiene sentido* para nosotros, que su experiencia es entendible y sus sentimientos son válidos. La empatía requiere indagar profundamente en esos sentimientos y experiencias para ver cómo son desde el punto de vista de esa persona.

Ahora bien, el punto aquí no es obsesionarse con las mínimas diferencias y similitudes entre estas ideas obviamente relacionadas. La meta es ver que son distintas y pueden ser usadas para efectos diferentes en diferentes situaciones y con diferentes personas. Por ejemplo:

"Estoy realmente molesto porque no pasé mi examen de conducir".

"Oh, lamento escuchar eso. Tiene sentido que estés molesto, ¡sé lo mucho que estudiaste para él!". **(La respuesta "tus sentimientos tienen sentido" muestra validación, pero aun así no hay necesariamente empatía en ella).**

"Estoy realmente molesto porque no pasé mi examen de conducir".

"Yo también fallé mi examen. Aunque no lloré por eso, solo agendé para tomarlo de nuevo, no pasa nada". **(Esta respuesta muestra empatía, pero no mucha validación**

"Estoy realmente molesto porque no pasé mi examen de conducir".

"Oh, lamento escuchar eso. Tiene sentido que estés molesto, ¡sé lo mucho que estudiaste para él! Yo fallé mi examen la primera vez también, y fue un asco así que lo entiendo". **(Esta respuesta muestra validación y empatía, porque se crea una conexión compartida).**

Como se mencionó, la mejor respuesta dependerá fuertemente de la persona con la que estés hablando, tu relación con ella, lo que realmente necesitan de ti y el tema en cuestión. Es difícil imaginar cualquier situación donde la validación podría no ser apropiada; sin embargo, la validación + empatía es típicamente más apropiado en las relaciones personales más cercanas.

¿Qué hay de la empatía por sí sola? Bueno, imagina compartir alguna noticia devastadora con alguien, quien procede a estar tan devastado como tú, ya que le recuerda haber pasado por lo mismo. Podrías sentir la empatía de la otra persona (saben cómo te sientes) sin estrictamente sentirte validado (es decir, la respuesta es entendible y válida).

Desarrollando empatía

La mayoría de nosotros queremos ser personas empáticas, pero las buenas intenciones no siempre son suficientes. Afortunadamente, siempre es posible cultivar la empatía en ti mismo, y la práctica definitivamente lleva a la perfección. Existen muchos recursos y modelos, pero cuando se reduce a empatía, es algo bastante sencillo en la práctica. Para tener empatía, debemos tener una mente abierta y aceptar lo suficiente para entrar en el mundo de alguien más, y debemos ser capaces de comunicar nuestra aceptación de este mundo a ellos.

Usando esta definición, existen tres partes clave en las que podemos enfocarnos para asegurarnos que estamos haciendo nuestro mayor esfuerzo para mostrar empatía:

1. Tenemos que ser de mentalidad abierta, receptivos y tolerantes

2. Para poder entrar al mundo de otra persona

3. Y luego comunicarle este entendimiento y aceptación.

La empatía no estará realmente completa a menos que contenga estos tres elementos, así que vale la pena tocar cada nota cuando estés teniendo una conversación con alguien y quieras ir más allá de la validación. Echemos un vistazo más de cerca.

Elemento 1: mentalidad abierta

Quizás sería mejor decir "con un buen corazón".

Como vimos en el proceso de validación de seis pasos de antes, todo comienza con una escucha receptiva y respetuosa. Solo podemos ser empáticos con otros si tomamos el tiempo para poner a un lado nuestro ego por un momento y prestar atención realmente a alguien más. Esta receptividad es una actitud especial caracterizada por estar profundamente presente y estar dispuesto a aprender algo nuevo.

De cierta manera, es una curiosidad apasionada por otras personas en el mundo; el deseo de saber más sobre las personas y los que las mueve. La mejor manera de hacer esto es olvidarte de ti mismo por un momento. Sal de tu mundo y pon a un lado tus suposiciones y parcialidades. Mira a otras personas como si fueran libros fascinantes esperando ser leídos, o nuevos planetas esperando ser explorados. Deja la idea de que las personas deben ser caracterizadas como amigos o enemigos, o juzgadas de acuerdo a lo mucho o poco que están de acuerdo contigo. En lugar de eso, mira a las personas por completo en sus términos. Otra persona es un universo completamente nuevo, mírate a ti mismo como un aventurero explorando estos nuevos reinos con respeto y asombro.

Hablando en la práctica, esto se ve como ocasionalmente salirte de tu zona de confort: tratar con personas, ideas y medios con los que no tratarías ordinariamente, solo observa lo que pasa. Este te ayudará a revelar y trabajar en tus parcialidades, algo que todos nosotros tenemos de alguna forma. Debido a lo homogéneo que se han vuelto nuestros círculos sociales, a menudo somos desinteresados o ignorantes de cómo otras personas miran el mundo a nuestro alrededor y cómo su perspectiva difiere de tus propias visiones. Ten una conversación donde haces silencio y escuchas, haciendo que la otra persona tenga toda tu atención. Viaja, si puedes, o simplemente ve a algún lado diferente de los lugares a los que normalmente vas. Enciende todos tus sentidos y ábrete de verdad a experiencias diferentes de las que estás acostumbrado.

Pero, no solo nos estamos abriendo a sentimientos positivos: ¿puedes imaginar lo que debe ser tener dificultad con algo que actualmente experimentas como sencillo o automático? Deja los lujos por un rato. La humildad es una gran amiga de la empatía. La próxima vez que estés decepcionado, molesto, confundido o triste, siéntate con el sentimiento por un momento y trata de imaginar a otros que han estado allí. Prueba todas las perspectivas, incluyendo aquellas donde te sientes indefenso y vulnerable. ¡Qué gran manera de utilizar un recurso la próxima vez que te encuentres con alguien que se siente de esa manera!

Podría ser bueno pensar en la empatía como algo innato, algo como un rasgo de personalidad, pero en realidad es un músculo que podemos ejercitar, y una habilidad que podemos desarrollar si realmente queremos hacerlo. Simplemente saber esto ya te hace más receptivo y de mente abierta. Puedes preguntarte con seriedad, ¿de qué maneras puedo ser más empático ahora mismo? ¿Qué se interpone entre yo y entrar por completo en el mundo de otra persona?

Puedes practicar la mentalidad abierta en este momento. Piensa en alguien en tu vida, preferiblemente alguien con quien tengas un poco de fricción, o quizás alguien con quien has tenido dificultad teniendo empatía en el pasado y pregúntate:

¿Cómo se siente en este momento? ¿Cómo es su comportamiento y qué dice y expresa? En otras palabras, ¿que sería ser como esa persona?

Si puedes identificar sus emociones, pregúntate por qué podrían estar respondiendo de esa manera. ¿Puedes ver los hechos de sus personalidades, historias, fortalezas, debilidades, etc., han contribuido a su experiencia? Realmente estás preguntando: ¿de qué maneras su realidad tiene sentido para ti?

¿Puedes encontrar puntos en común entre esta persona y tú? ¿Te has sentido como esta persona antes? Si no, ¿puedes imaginar cómo sería sentirse estar en sus zapatos?

Elemento 2: caminando en sus zapatos

La empatía no trata solo de entender abstractamente que alguien más vive en un mundo diferente al tuyo, o ver desde lejos con un interés indiferente. En lugar de eso, la empatía es "caminar en sus zapatos" y ver el mundo a través de sus ojos. Esto es importante; no consideras los hechos de su experiencia desde *tu* perspectiva, sino desde *su* perspectiva. Esto te lleva más allá de una simple validación. No solo ves, reconoces y respetas la diferencia, sino que la adoptas y participas con ella como si fuera tuya (al menos temporalmente).

Una vez que hemos escuchado y oído realmente la experiencia de alguien más, una vez que hemos sido receptivos a lo que es ser como ese alguien, podemos tratar esa perspectiva nosotros mismos. Podemos sentir sus sentimientos, pensar sus pensamientos. Obviamente, la empatía es un acto íntimo y no es realmente posible o incluso deseable mantener este estado de mentalidad por períodos prolongados. Cuando desarrollamos empatía, necesitamos mantenernos conscientes de ver de manera deliberada otra vida, mientras mantenemos nuestro propio sentido de identidad y los límites en torno al mismo.

Generalmente, podemos mejorar en esto de caminar en los zapatos de otros mientras más lo hacemos. Esto significa que cuando alguien nos dice algo, no solo lo aceptamos y seguimos adelante; hacemos preguntas para poder entender a esa persona realmente. *¿Por qué* ciertas cosas le importan a esta persona? ¿Cómo se sienten respecto a XYZ y cómo encajan sus valores y creencias fundamentales?

¿Cómo explican la vida para ellos mismos, qué lenguaje usan, en qué se enfocan y cuál es su actitud? Lo más importante, estás viendo su mundo *como ellos lo ven*, no como tú lo ves. Pero, ¿puedes ver de desde su perspectiva, su mundo tiene perfecto sentido y todo está en orden cuando cambias tu marco de referencia?

Prácticamente una gran manera de desarrollar esta habilidad es quizás una inesperada: leer. Cuando lees ficción, se te pide que imagines la vida desde el punto de vista de un personaje. Suspendes tu propia identidad por un rato y miras el mundo desde su identidad. Esto no es diferente de lo que haces cuando imaginas de manera empática la realidad de otra persona. Tu mundo podrá ser una comedia romántica, pero, ¿cómo sería ser el protagonista de una novela de ciencia ficción sobre espías ubicada 3000 años en el futuro?

Algunas preguntas que debes hacerte para entrar en la mente de alguien más:

¿Cuáles son sus valores fundamentales? ¿Cómo se manifiestan?

¿Cómo nos percibe esta persona?

¿Qué le importa a esta persona? ¿Qué los lastima y qué los satisface?

¿Cuáles son las metas en la vida de esta persona?

¿Qué piensa esta persona de sí misma? (Esto puede ser esclarecedor; ¡pocos de nosotros pueden decir que nuestro autoconcepto coincide con la impresión general que tenemos en otros!).

Elemento 3: comunicando aceptación

La parte final del proceso empático es traer tu nuevo sentido de entendimiento y aceptación al mundo real, y compartirlo con la otra persona. Puedes tener una empatía completa por sus pensamientos y sentimientos y sinceramente ves de donde provienen. Pero, si no haces *nada* al respecto, y no puedes compartir que tienes este conocimiento, es como si no lo tuvieras. La empatía muestra todo su poder cuando puede ser demostrada al su objeto de enfoque, y cuando puede impulsar nuestro comportamiento en el mundo real.

En este último y quizás más importante aspecto de la empatía, tenemos que tomar nuestros sentimientos de validación y aceptación y transmitirlos de manera significativa a la otra persona. Debemos permitir que nuestro enriquecido entendimiento beneficie no solo a ellos como individuos, sino que mejore nuestras relaciones y profundice nuestra conexión y entendimiento.

¿Cómo se ve esto en la práctica? Al leer este libro y aprender nuevas maneras de alterar técnicas como los estilos de comunicación, ya has dado un paso en esta dirección. Cuando tomamos medidas activas para volvernos mejores oyentes, para expresar la aceptación a otros, y para *mostrar* cómo se ve la empatía en el mundo real al modelarla durante los desacuerdos y argumentos, hacemos que la empatía sea práctica.

La pregunta es, una vez que te has abierto a la experiencia de alguien más, y una vez que has dado un paso hacia dicha experiencia con respeto y aceptación, ¿cómo puedes comunicarlo?

Podemos elegir un lenguaje compasivo y cuidadoso que muestre nuestro respeto y entendimiento. Podemos compartir algo de nosotros mismos, para que cuando digamos "yo entiendo", parezca algo más que solo palabras. Podemos hacernos preguntas profundas y reflexivas que muestren que estamos escuchando. Podemos recordar las cosas que son compartidas con nosotros. Podemos respetar los límites cuando son reivindicados y tomar responsabilidad por las veces que no damos en el clavo. Todas estas cosas no se tratan solo de preocupación, sino de *demostrar* que te preocupas.

Finalmente, algo que podrías no haber considerado es que es, de cierta manera, nuestra tarea hacia otros ser compasivos con nosotros mismos. Cuando aprendemos a manejar la autovalidación, nos volvemos expertos, y podemos entonces llevar esa maestría a otros, brindándoles aceptación y validación. Cuando nos queremos y nos cuidamos, elevamos todas nuestras relaciones e interacciones, e inspiramos a otros a adoptar la autovalidación también.

La empatía no es solo una buena idea, es algo que **hacemos** prácticamente cada día.

Una vez que has hecho el trabajo de generar sentimientos empáticos y validadores, ponlos a trabajar y haz las siguientes preguntas:

¿Qué necesita más esta persona en este momento?

¿De qué maneras estoy contribuyendo a cómo se siente y qué parte de la situación es mi responsabilidad?

¿He sido honesto y abierto al expresar cómo me siento?

¿He fijado mis límites claramente y he respetado los de los demás?

¿Qué podría decir o hacer en este momento para mejorar la situación?

¿He expresado por completo mi aceptación y franqueza a esta persona; en términos y con un lenguaje que entenderán?

Si lees con mayor amplitud el tema de la empatía, podrías encontrar que todos sus diferentes aspectos son alguna versión de uno o más de los elementos de arriba (el proceso de validación de seis pasos es un ejemplo).

Podemos entender cada elemento como un paso progresivo, un proceso que comienza dentro de nosotros y nos acerca más y más a otros. La empatía comienza dentro de nosotros (1), luego crea un puente hacia otra persona (2), y eventualmente descansa por completo con la otra persona cuando expresamos nuestra empatía (3). Al tratar de practicar empatía, puedes descubrir que eres mejor en el elemento uno que en los demás. ¡Genial! Esto puede ayudarte a enfocar tus esfuerzos.

Echemos un vistazo a un ejemplo que usa los tres elementos. Digamos que Peter tiene un amigo, Mike, que tiene un punto de vista político extremadamente diferente al de él. Debido a que valora la amistad de Mike, y debido a que quiere ser más empático, entendiendo a una persona en general, Peter decide cambiar su enfoque de los usuales desacuerdos entre los dos.

En privado, Peter aprende más sobre el punto de vista de Mike. Lee fuentes de noticias con las que no está familiarizado y trata de entender realmente los argumentos hechos. Suspende su propio juicio y trata de ver con los ojos bien abiertos. ¿Puede ver los elementos en la vida de Mike que hacen que estos argumentos sean interesantes para él? Mientras lee e investiga, se da cuenta de algo: Mike es una persona profundamente apasionada y arraigada a principios, a quien le gusta hacer solo lo correcto. Aunque ha tenido diferentes visiones sobre lo que es "correcto", Peter se da cuenta que él y su amigo de hecho comparten esta pasión. ¡Por eso es que discuten tanto!

La próxima vez que hablan sobre política, Peter está preparado. Deja atrás sus juicios, parcialidades y suposiciones sobre lo que cree Mike. En lugar de eso, le *pregunta* al respecto. Pregunta de verdad. Mike está halagado por la atención y habla más abiertamente que nunca. Se siente respetado y de hecho escuchó por primera vez. Peter está complacido y decide llevarlo más lejos; ¿estaría Mike preparado para escuchar su lado de las cosas también? ¿Quizás estaría interesado en leer algunos de los libros favoritos de Peter sobre el tema?

Esta historia tiene todos los elementos de empatía trabajando en conjunto: mentalidad abierta, ponerte en los zapatos de alguien más y una acción real y deliberada.

Adelantando la historia unos meses. Peter y Mike siguen discutiendo tanto como siempre. Ninguno ha absorbido al otro en su punto de vista y nadie ha "ganado". Pero, en cierto sentido, han logrado algo más valioso: su amistad es más fuerte que nunca, su conexión más honesta y abierta y en serio **ven** al otro. Este es el ejemplo perfecto de cómo la validación emocional sustituye los acuerdos y la armonía. Cuando ambas partes están dispuestas a ver y aceptar a la otra, ¿qué importa si no están de acuerdo en los detalles?

Enseñanzas

- La empatía y la validación son dos conceptos sumamente cercanos. La validación es cuando transmitimos nuestra aceptación de las experiencias y emociones de otra persona, mientras que la empatía es cuando vemos el mundo como lo hacen ellos y en serio nos ponemos en sus zapatos. Uno puede validar sin ser empático y viceversa. Sin embargo, al unirlos ambos conceptos obtenemos una poderosa combinación que puede elevar instantáneamente el ánimo de alguien al hacerlo sentir visto y escuchado.

- Cultivar la empatía en nosotros mismos es algo que todos nosotros deberíamos esforzarnos por hacer. Existen tres pasos principales para ello. Primero, debemos tener una mentalidad abierta. Segundo, debemos aprender a caminar en los zapatos de otros. Tercero, debemos comunicar nuestra aceptación de su experiencia de un modo apropiado.

- Ser de mentalidad abierta es una virtud comúnmente glorificada con la que muchos de nosotros podemos luchar. Tendemos a tener dificultades entendiendo las maneras en las que diferentes personas perciben el mundo y expresan sus emociones cuando estas entran en conflicto con nuestras propias visiones. La mejor manera de remediar esto es simplemente hablar con diferentes personas con diferentes trasfondos y puntos de vista. Exponte a diferentes discursos y maneras de entender las cosas. Viaja lejos si puedes, y familiarízate con las culturas donde las cosas se hacen de manera diferente a cómo lo haces tú.

- Caminar en los zapatos de alguien más requiere que le prestemos tanta atención como sea posible para poder entender de donde provienen y qué influencias están en juego. Debemos suspender nuestras propias visiones y ver desde los lentes de alguien más. Una gran manera de inculcar esta habilidad es simplemente leer ficción. Esto te ubica en la mente de un personaje que no eres tú y puedes observar cómo ellos describen eventos, emociones y pensamientos.

- Por último, nuestro entendimiento solo vale de algo cuando podemos comunicarlo bien. Ten cuidado con las señales verbales y no verbales que envías. Respeta los límites cuando son reivindicados y trata de recordar las cosas que son compartidas contigo.

Capítulo 6. Comunicación empática

Para continuar con el espíritu de la aceptación práctica y comunicada, dedicaremos este capítulo final a un vistazo más profundo sobre cómo podemos demostrar validación a través de la empatía, tanto al expresarnos nosotros mismos como al escuchar a la expresión de otros. Nuevamente, aquí iremos un poco más allá en cuanto a la validación; es maravilloso transmitir el mensaje "tu perspectiva es válida", pero mucho más poderoso decir "tu perspectiva es válida y tengo un entendimiento y compasión genuinos por ello".

La empatía es algo que sentimos por alguien más. La comunicación empática es expresar esta empatía y todo se trata de asegurarse que *la otra persona siente esa empatía* también. En otras palabras, el beneficio de nuestra empatía es enriquecer la experiencia de alguien más, no solo la nuestra.

Comunicación empática

Echemos un vistazo a lo básico que hace que cualquier comunicación sea empática, teniendo en cuenta los tres elementos importantes de la empatía que ya se mencionaron en el capítulo anterior. Aquí echaremos un vistazo a todas las ideas que ya hemos abarcado en este libro, pero de una manera más práctica; ¿cuáles son las palabras que podemos usar en sí?

Sin embargo, antes de saltar a eso, debemos considerar un par de principios importantes sobre la comunicación en general. Primeramente, debemos tener un entendimiento claro y adecuado de lo que es la comunicación. Las personas son individuos, pero todas existen en un contexto de otros individuos, grupos, familias y comunidades. Todos somos seres discretos, pero estamos necesariamente conectados. ¿Qué nos conecta? La comunicación.

Cuando nos conectamos, hay tres partes esenciales involucradas: la que envía el mensaje, la que recibe el mensaje y el mensaje como tal. La que envía el mensaje lo codifica en una mezcla de un lenguaje verbal y no verbal. Este mensaje es comunicado de alguna forma, como al ser escrito o en un discurso para el receptor, quien debe "decodificar" o entender qué es nuestro mensaje. La validación es un tipo de comunicación, la cual transmite el mensaje de aceptación. Aunque no tenemos suficiente espacio para extendernos sobre el tema de la comunicación aquí, es suficiente con decir que la efectividad de cualquier comunicación se reduce a lo bien que el hablante transmite el mensaje al oyente.

El éxito de la comunicación depende de la empatía del hablante, la tolerancia del oyente, y la exactitud y propiedad del mensaje. Vale la pena repetir esto: la comunicación falla si al hablante le falta empatía, el oyente no quiere escuchar o el mensaje no es enviado en un lenguaje que el oyente entiende.

Cuando nos comunicamos, tenemos que imaginar a la persona con la que estamos hablando. Tenemos que imaginar quienes son, lo que piensan, lo que quieren, lo que entienden y las barreras al escucharnos. ¿Puedes ver cómo la empatía no es solo una buena idea para la comunicación sino algo fundamental? Si solo estamos hablando en un vacío, sin consideración por los oídos que nos escuchan, no nos estamos comunicando; solo somos parte de un monólogo.

Otro principio fundamental es que la comunicación no son solo palabras. Como hemos visto, existen muchas maneras de transmitir el mismo mensaje, y mucho puede ser "dicho" con expresiones faciales, posturas, voz, incluso cosas como ropa o gestos.

La comunicación empática, entonces, requiere que pensemos cuidadosamente sobre quiénes somos cuando nos comunicamos, a quién estamos hablando y cómo estamos enmarcando nuestro mensaje. Sabemos que, si estamos hablando con un niño de cinco años, nos explicamos de manera diferente al hablar con una persona de cincuenta años. Sabemos que, si queremos que otros acepten nuestro mensaje, algunas veces necesitamos suavizarlo un poco, acomodarlo un poco, replantearlo para que se ajuste a lo que sabemos que son sus gustos. Y también sabemos que, si compartimos en un "lenguaje" completamente diferente al de la persona a la que nos dirigimos, podríamos tener que cambiar nosotros mismos y nuestras expresiones si esperamos ser entendidos.

Esta es la raíz de la comunicación empática: **primero entendemos la perspectiva de la persona con la que hablamos, y luego ajustamos la manera en la que hablamos acorde a ello.**

Considera tu propio rol en el proceso de comunicación:

¿Cuál es tu estilo de comunicación y cómo afecta a otros? ¿Es apropiado en este contexto?

Cuando se trata de comunicarse, ¿en qué eres bueno y cuáles son tus debilidades, parcialidades o puntos ciegos?

Si la comunicación ya es difícil, ¿en qué barreras estás contribuyendo o qué barreras estás manteniendo?

¿El problema es realmente sobre ti y tu mensaje, o es que no has practicado todavía escuchar a la otra parte?

¿Qué medio estás usando para comunicarte, qué lenguaje estás usando, cuál es tu tono de voz?

Finalmente, ¿qué es lo que más estás tratando de lograr al comunicarte? ¿Qué esperas obtener al hablar? ¿Eres motivado por el ego, el deseo de ayudar o estás sucumbiendo a una presión externa? Consciente o inconscientemente, ¿cuáles son tus motivos emocionales al hablar?

Si frecuentemente te sientes incomprendido, podría ser una cuestión no solo de rechazo o incapacidad de la otra persona para escucharte, sino de tu mensaje o la manera en la que lo estás enmarcando personalmente.

Una vez que tienes un entendimiento adecuado de tu rol en la imagen, puedes ver el de la otra persona. Aquí no puedes hacer suposiciones. No puedes asumir que saben lo que sabes, les importa lo que a ti te importa o comparten las mismas metas o incluso puntos de referencia para la comunicación en primer lugar. Pregúntate:

¿Quiénes son? ¿Qué valoran y por qué?

¿Cuál es su estilo de comunicación y cómo podría interactuar con el tuyo?

¿Qué hay de ellos que podría prevenir que te escuchen realmente? ¿Cómo puedes enmarcar las cosas en su "lenguaje"?

Ponte en sus zapatos e imagina lo que piensan del mensaje que estás compartiendo.

¿Qué quieren, qué los motiva?

¿Cuál es su historia y contexto y cómo difiere de tu propia historia y contexto? ¿Con qué están o no familiarizados?

¿Qué suposiciones y expectativas podrían tener?

Al ver ambos puntos de vista, puedes comenzar a ver el potencial de las barreras para entender las limitaciones y desacuerdos. Y esto te lleva a considerar la parte final del rompecabezas: el mensaje como tal y cómo puede ser compuesto para una máxima efectividad.

¿Qué está en el corazón de lo que estás tratando de decir? ¿Por qué lo dices?

¿Cuál es el mejor formato para este mensaje? ¿El medio coincide con el mensaje?

¿Qué tan largo y detallado debería ser este mensaje?

¿Qué tono sería mejor? ¿Intenso y directo? ¿Gentil? ¿Juguetón e irreverente? ¿Confiado? ¿Neutral y profesional?

¿Qué tipo de lenguaje será el más efectivo, jerga o argot? ¿Lógico o emocional? ¿Directo o sugestivo? ¿Funcionaría mejor presentado como una narrativa, un debate, una defensa, un reporte neutral?

¿Deber ser escrito o hablado? ¿Compartido digitalmente? ¿Las imágenes y metáforas pueden ayudar?

¿Cuáles son las posibilidades de un malentendido y cómo podrías evitarlo?

Demasiadas personas piensan que la comunicación se reduce a lo que dices. Pero, como puedes ver, también se trata de quién lo dice y quién lo oye.

Asegurarse de que la comunicación es la mejor posible necesita un ingrediente especial: empatía. De hecho, probablemente te estés dando cuenta de que es imposible ser un buen comunicador a menos que seas empático. La comunicación nunca es algo fijo y estático, sino una entidad viva y dinámica que cambia constantemente y se ajusta de acuerdo con las personas que la usan. Sin importar cómo te involucres con otros, necesitarás suficiente empatía para saber cómo se ve la "buena comunicación".

La empatía en la comunicación, entonces, es sobre la habilidad para ver el mundo de otra persona y hablar *con ellos como si fueras parte de ese mundo.*

Ajustar nuestro estilo de comunicación y nuestro mensaje es un poco como cambiar lo que usamos día a día de acuerdo al momento. Cuando nos vestimos, tenemos que tener en cuenta el clima, la formalidad de la ocasión, nuestra figura, edad, género y estilo personal. Pero, también tenemos que considerar a la otra persona y cómo podría vernos, y cómo podrían querer vernos.

La comunicación no es diferente; nos cambiamos de acuerdo a nuestros objetivos y de acuerdo a nuestra audiencia. Los malos comunicadores podrían nunca considerar siquiera el punto de vista de la persona con la que hablan. Su falta de empatía los mantiene atrapados en su propio mundo y su mensaje no "llega" porque no fue enviado considerando a donde se dirigía. Pero, no lanzarías una carta sin nombre en un buzón esperando que vaya al lugar correcto. Tu comunicación debe tener un *objetivo*. Y para extender la metáfora, aprendemos la "dirección" emocional de las personas con las que hablamos al practicar la empatía.

Cuando experimentamos problemas de comunicación, es tentador simplemente imaginar que la otra persona está entendiendo algo mal o que no está escuchando apropiadamente. Nos obstinamos y tratamos de hacernos escuchar y entender, o regresar a decir lo mismo una y otra vez por frustración. Pero, la comunicación no es solo una habilidad que posees y ya, la comunicación solo ocurre cuando el hablante, el oyente y el mensaje se unen. De otra manera, ninguna información es compartida y nada cambia. Considera el siguiente ejemplo:

Beth es nueva en el barrio y está tratando de hacer nuevos amigos. Ella se une al grupo de la comunidad que está radicado alrededor de la iglesia local, a pesar de que ella no es religiosa. Por cortesía, el grupo de la iglesia extiende una invitación para ella para atender un día social después de la iglesia. Ella asiste. Sin embargo, al estar allí, no disfruta en lo absoluto y cuando se le pregunta, se lanza a dar un discurso sobre cómo no está de acuerdo con sus creencias, y encuentra todo eso ridículo y no regresará porque nunca compartirá la ilusión que estas personas claramente comparten.

Naturalmente, ella causa una enorme ofensa, pierde a sus nuevos amigos instantáneamente y se aísla. Ella está molesta con ellos: ¿cómo pueden juzgarla cuando ella solo estaba siendo honesta "consigo misma"? ¿Esperaban que mintiera?

Podemos ver lo que pasó. Beth tenía un mensaje a compartir (no disfrutó de la reunión de la iglesia y no quería unirse) pero no dedicó si quiera un pensamiento para las personas con las que estaba compartiendo ese mensaje. Ella solo consideró su propia perspectiva y descuidó imaginar que, desde el punto de vista de sus nuevos amigos, su arrebato fue horriblemente rudo e irrespetuoso.

Si Beth hubiese tenido más empatía, podría haber prestado más atención al *contenido emocional* de la situación. Aquí había personas que eran diferentes a ella, pero quienes independientemente de eso extendieron un gesto cordial y amistoso. Ella pudo haber reconocido esta invitación y cordialmente declarar que el grupo de la iglesia no era para ella, mientras mantenía un contacto amistoso para poder pasar tiempo con ellos de otras maneras. Pero, en la mente de Beth, ella dijo la "verdad" y ya. No le importó el estilo de comunicación de la otra parte, el contexto, sus parcialidades o cómo sería recibido el mensaje. Fue una mala comunicadora.

Probablemente has escuchado un sentimiento similar en algún momento cuando alguien dice "¿qué? Solo lo llamo por lo que es", como si todo lo que importara en la comunicación fuera la precisión factual de los datos compartidos. Es por esto que no es tan fácil recopilar una lista de "cosas que decir cuando quieres parecer empático". La buena comunicación depende totalmente del contexto y las personas comunicándose. Decir "lo siento, debes sentirte terrible en este momento" podría ser algo perfecto para decir en un contexto... e increíblemente fuera de lugar en otro. Pero, con la empatía podemos distinguir la diferencia.

Escucha empática

¿Qué estás haciendo realmente cuando escuchas? ¿Sentarte pasivamente?

Cuando nos volvemos maestros en la validación y la empatía genuina, escuchar es muchísimo más que solo un espacio vacío donde *no* estamos hablando.

Una escucha activa significa poner toda tu consciente atención en lo que sea que la otra persona esté compartiendo. Es estar presente con una receptividad total y un espíritu generoso y tolerante que centra completamente el mensaje y perspectiva de la otra persona. Lejos de ser pasiva, la escucha empática toma un esfuerzo consciente y es una habilidad que debemos practicar constantemente.

Cuando escuchamos, nos estamos *conectando* con el mensaje y con la otra persona. Lo estamos recibiendo y procesando para luego reflejarlo. Hacemos que su expresión cobre vida y respetamos su voluntad para compartir al responder auténticamente a lo que oímos. Solo esto demuestra que nos importa lo suficiente y que lo que dicen es significativo.

Existen diversos tipos de escucha empática y cada uno podría ser más adecuado para un contexto en particular. Debajo están tres actitudes, enfoques o técnicas diferentes para una escucha activa y empática. Dependiendo de las circunstancias, cada aspecto puede ser aplicado o no.

Hacer espacio

El primer paso, como hemos visto, es escuchar. Abre la mente. Debes estar presente y dejar que la otra persona sea como es y diga lo que tiene que decir. "Hacer espacio" trata de eliminar tu propio ego del recuadro y dejar que el mensaje que está siendo compartido tome su forma completa sin interrupción, interpretación o juicio alguno.

Puedes hacer espacio de manera no verbal, con un lenguaje corporal abierto y una expresión facial receptiva. Puedes usar el silencio y una atención genuina que invite a la otra persona a compartir. Es un regalo maravilloso que puedes darle a alguien; el espacio para que simplemente sean quienes son y sientan lo que sienten. Cuando hacemos espacio, no solo estamos pensando silenciosamente sobre lo que vamos a decir a continuación o haciendo un espectáculo de nuestras propias reacciones. No apresuramos a la otra persona ni saltamos con una respuesta, incluso si esa respuesta es de ánimo. Simplemente *permitimos*.

Presta atención a cada una de las palabras que dicen. Olvida lo que piensas por un momento e imagina que no tienes nada más que hacer sino escuchar a lo que se desarrolla en el momento. Pon a un lado los juicios y distracciones. Suena sencillo, ¡pero puede ser difícil!

Reflejar

Podemos ser como espejos para la persona con la que hablamos. Podemos recibir su mensaje y enviárselo de vuelta, lo que es extremadamente validador. Es como si dijeras "ajá, mensaje recibido fuerte y claro. ¿Es esto? ¿Lo entendí bien?" Un buen espejo refleja las cosas lo más exactas posible, un buen espejo es invisible y está ocupado solo con eso que está reflejando.

Así que, cuando reflejes, mantén tus propias interpretaciones fuera de la imagen tanto como sea posible. Parafrasea lo que escuchas. En nuestro proceso de validación de seis pasos hablamos sobre cómo poner palabras de sentimiento al mensaje y esto puede hacerse aquí, pero a menudo te darás cuenta que es más efectivo si simplemente usas el lenguaje que ya está en la mesa, especialmente si la escucha empática es tu meta principal.

Puede ser particularmente validador tener tus emociones reflejadas, en lugar de solo recibir hechos. Sé un orientador y ofrece un eco fiel sin dejar que ese eco domine. Tu reflejo debe apoyar y animar en lugar de desviar y cambiar el tema.

Reaccionar

El tercer (y posiblemente más activo) tipo de escucha es donde respondemos a lo que escuchamos con empatía y compasión. Nadie quiere hablarle a una pared o sentir como si su mensaje llega a oídos indiferentes. Puede ser validador ver que otros *sienten* lo que decimos y reaccionan a ello.

Pero aquí, necesitamos practicar la precaución. Nuestras respuestas deben ser deseadas y apropiadas. Si alguien nos confiesa un secreto, sería desastroso responder de inmediato con disgusto o shock. Por otro lado, si alguien nos está contando una historia triste, puede ser muy validador si la persona escuchando muestra que entiende y también está conmovida por la historia.

Las reacciones no tienen que ser grandes para ser efectivas. Podemos demostrar que una historia nos ha afectado simplemente al cambiar nuestra expresión facial, asentir en puntos clave o añadir un "sí" o "ya veo", cuando es apropiado. También podemos mostrar una reacción sutil al reflejar el tono de voz, postura o expresión facial de la otra persona. No solo le decimos que estamos escuchando y entendemos el impacto emocional, sino que estamos de acuerdo y estamos junto a ellos en *su reacción*.

Cuando reflejamos de manera efectiva, es menos sobre nuestro propio juicio de lo que hemos escuchado y más sobre un reconocimiento genuino del contenido emocional de la historia. Siempre es buena idea ser honesto en las conversaciones, pero también podemos moderar esto con lo que la otra persona necesita de nuestra escucha. Si alguien comparte su sufrimiento contigo luego de perder a un ser querido, sería perfectamente aceptable decir "no puedo imaginar lo que estás sintiendo en este momento" y eso es genuinamente cierto. Por otro lado, si realmente eres conmovido por el tema y entristecido en su lugar, pueden ser reconfortante si muestras algo de tristeza tú mismo. Al escuchar a otros, necesitamos preguntarnos si nuestras reacciones apoyarán u obstruirán la empatía.

Hacer espacio, reflejar o reaccionar. Cada aspecto tiene su lugar. Puedes encontrar que todos estos acercamientos son útiles a medida que escuchas; podrías comenzar haciendo espacio y simplemente permitiendo que la persona hable, para moverte gradualmente hacia el reflejo y eventualmente mostrar tu propia reacción.

Lista de control de la escucha empática

¿He evitado las crítica?

¿He escuchado tanto los sentimientos como los hechos?

¿He escuchado cuidadosamente y lo he demostrado?

¿Encontré una manera de reflejar, responder y hacer preguntas o abordar de otra manera lo que he escuchado?

En el sentido más amplio, ¿qué quiere el hablante realmente de mí y cómo puedo demostrarlo?

¿Cuál ha sido el efecto de mi escucha y cómo puedo mejorar de la mejor manera mi acercamiento?

La lista de control de arriba es algo que puedes usar internamente durante una conversación como tal. Si comienzas haciendo un montón de espacio y te das cuenta que la otra persona está muy incómoda o con demasiado silencio y solo busca tu opinión, entonces puedes ir más allá para reaccionar y reflejar. Puedes hacer más preguntas o tratar de estimar lo que encontrarían más validador en el momento.

Justo como lo harías con la comunicación empática, **piensa en escuchar desde la perspectiva de la otra persona**. ¿Por qué están hablando? ¿Qué quieren y necesitan de la conversación y de ti? ¿Están buscando consuelo o validación? ¿O solo necesitan hablar en voz alta y poner sus pensamientos en orden? La única manera de saber esto es escuchando y mirando el efecto que tiene tu escucha.

Si alguna vez tienes dudas sobre qué hacer con la emoción de alguien (por ejemplo, si están molestos o es difícil estimar su meta al compartir su experiencia), entonces siempre es buena idea hacer preguntas. Cuando haces una pregunta, estás confirmando que estás presente y prestando atención, incluso si puedes no entender perfectamente.

Claro que, esto no tiene que ser un proceso misterioso y turbio. También puedes preguntarle a la persona directamente, dependiendo de la relación que tengas con ella:

"¿Cómo te gustaría que te ayudara en este momento?"

"Me parece que solo necesitas a alguien que te escuche, ¿está bien?"

"¿Te gustaría hablar más sobre XYZ o deberíamos dejar el tema?"

También puedes hablar directamente sobre la conversación que estás teniendo, sea durante o después, y sacar una validación final antes de que termines la charla:

"Gracias por confiar lo suficiente en mí para compartir eso conmigo".

"Me alegra mucho que hayamos hablado. Espero que sepas que siempre estoy disponible si necesitas discutir algo más".

"Aprecio que hayas ofrecido esa opinión".

"Creo que ahora entiendo tu situación mucho mejor. Te has explicado claramente".

Los acercamientos descritos arriba son tan útiles en conflictos como en desacuerdos. De hecho, una atención total y una escucha dedicada a menudo son *más* importantes cuando la otra persona está molesta y hostil, ya que usualmente no puedes tener una discusión fructífera con alguien hasta que sientan que han dicho su parte y fueron escuchados. Si ofreces una pobre disculpa falsa e inmediatamente empiezas a sacar excusas y justificaciones, ¡puedes esperar que el conflicto dure mucho más!

La comunicación empática y la escucha activa son habilidades que deben ser practicadas; entender la teoría detrás de ellas es solo el primer paso. Es lo suficientemente fácil estar de acuerdo con que algo suena como una buena idea en teoría, pero lo olvidamos completamente cuando estamos en el calor del momento. Pero, persiste al practicar estas técnicas durante las conversaciones del día a día de las que formas parte y *mejorarás*

A medida que tu habilidad para autovalidación y autocompasión se incrementa, también lo hará tu habilidad para realmente ver y apreciar a las personas, exactamente como son, con comprensión y empatía. Un truco final que casi parece demasiado fácil es simplemente anunciar tu intención para ser un mejor oyente y un comunicador más empático. Podría sorprender lo bien que responde la gente cuando te abres genuinamente y dices "quiero ver y apreciar realmente esta situación desde *tu* perspectiva. Me estoy esforzando por ser un mejor oyente. ¿Me ayudarás a entender?".

Enseñanzas

- La clave para validar efectivamente a alguien es ser capaz de comunicarte de manera empática. Pero, ¿qué es la comunicación realmente? Esencialmente es el paso de un mensaje entre un remitente y un receptor. El mensaje debe estar enmarcado de manera que sea entendible para el receptor. Uno de los elementos clave para una comunicación exitosa es que el hablante debe tener empatía. Por ende, para asegurarte de que tus palabras están siendo comunicadas efectivamente, debes ser empático, lo que significa que debes hacer un esfuerzo por entender al receptor y las mejores maneras de ajustar el mensaje para ellos.

- Así como tenemos la comunicación empática, también tenemos la escucha empática. La escucha empática es muy similar a la escucha activa, donde todo tu enfoque está dedicado solo al hablante. Hay diferentes tipos de escucha empática como al hacer espacio, reflejar y reaccionar.

- Cuando haces espacio, suspendes tu propio ego y "haces espacio" para el mensaje que está siendo entregado a través de señales verbales y no verbales. Cosas como el contacto visual y tener un lenguaje corporal receptivo son ejemplos de hacer espacio.

- Cuando reflejamos, estamos devolviendo lo que alguien nos ha dicho directamente a ellos. Esta es la mejor y más sencilla manera de hacer que alguien se sienta escuchado y entendido porque les ofrece una prueba de que has estado escuchando. Trata de mantener tus propios aportes fuera de la ecuación cuando reflejes y simplemente enfócate en proyectar las mismas emociones y palabras que están siendo expresadas hacia ti.

- Reaccionar es la forma más común de escuchar, pero también es la forma en la que hacemos uso de una mayor precaución. Las reacciones no deben ser extensas o algo mayor. Pueden ser sutiles, como cuando asentimos con la cabeza junto al hablante. Como al reflejar, nuestras reacciones no deben ser sobre nuestros propios puntos de vista, sino indicaciones de que hemos entendido los puntos de vista de la otra persona.

Guía de enseñanzas

CAPÍTULO 1. LA VALIDACIÓN COMO UNA HABILIDAD COMUNICACIONAL

- Cuando validamos a alguien, transmitimos nuestra aceptación de las experiencias, emociones, pensamientos y realidades de esa persona. Contrariamente, cuando invalidamos a alguien, negamos o minimizamos la importancia de sus problemas y necesidades. Aunque la validación es una palabra común estos días, no siempre es claro cómo y por qué aplicarla. El hecho es que cada experiencia de una persona es intrínsecamente válida y en lugar de hacer uso del juicio, debemos tratar de aceptar a las personas por lo que son. Sin embargo, la aceptación no debe ser confundida con estar de acuerdo.

- El concepto de validación es especialmente relevante en nuestros tiempos actuales debido a lo socialmente aislados que estamos como individuos. Validar a alguien es una manera de expresar solidaridad, y hace que ese alguien se sienta escuchado y comprendido. Añade riqueza y sentido de tranquilidad a una vida que de otra manera estaría perdida si sintiéramos que tenemos que pasar por penurias solos y sin el apoyo de alguien.

- Muchas personas tienden a confundir la simpatía, empatía y la validación, y ciertamente hay una coincidencia significativa entre los tres conceptos. Sin embargo, la simpatía es cuando vemos las experiencias de otros a través de nuestros propios ojos y reaccionamos acorde a ellos. Al mostrar empatía, tratamos de relacionarnos con la experiencia de alguien más de la manera en que la están experimentando. Por último, la validación es simplemente expresar tu creencia de que la experiencia de alguien más es intrínsecamente válida.

- Es natural preguntarse hasta qué punto y cuán a menudo debemos validar a otros. No podemos siempre validar cosas, especialmente cuando al hacerlo podrías tener efectos adversos. Por ejemplo, validar el comportamiento agresivo y potencialmente peligroso de alguien es una mala idea. Similarmente, debemos tener cuidado de los vampiros de energía que drenan tu vida con sus quejas sin fin, sin tomar pasos concretos para mejorar su situación. Por último, dar consejos no solicitados no es recomendado generalmente, pero si alguien busca activamente consejos de ti, sustituirlos con validación no es una buena idea porque no está cumpliendo su función.

CAPÍTULO 2. VALIDACIÓN. LOS PASOS BÁSICOS

- A Marsha Linehan se la ha ocurrido un minucioso modelo de seis pasos de validación que podemos usar al escuchar a otros. Cada paso en este modelo depende del anterior. Uno no puede saltar del paso 1 al 6; deben seguirse los pasos en el mismo orden para validar a alguien de la mejor y más reconfortante manera posible.

- El primer paso en este modelo es simplemente estar presente. Aquí debes escuchar activamente a la otra persona y prestar atención de cerca. Dale a la otra persona una valoración sutil a través de señales verbales y no verbales que le indica a las personas que las estás escuchando. Esto hará que la otra persona se sienta cómoda contigo. El segundo paso es llamado reflejo preciso, y aquí es donde debes resumir lo que se te ha dicho para proporcionar mayor tranquilidad e informar que has entendido lo que se te ha dicho. Mantenlo sencillo, pero significante.

- Luego, trata de leer señales sutiles que la otra persona te está dando. Esto implica un poco de trabajo de conjeturas, pero solo necesitas suficiente información para poder etiquetar sus palabras con una emoción. Para el cuarto paso, trata de contextualizar los pensamientos y emociones de la otra persona, sea con eventos recientes de su propia vida o experiencias pasadas que podrían estar influyendo en su reacción.

- El paso cinco es simplemente asegurarle a la otra persona que su reacción es razonable y cualquier otra persona en su posición se sentiría de la misma manera. Por último, para el paso seis, puedes relacionar sus experiencias con las tuyas si has estado en una situación similar. Ser vulnerable aquí establece un lazo más fuerte e invita a una mayor conversación y confianza.

CAPÍTULO 3. INVALIDACIÓN Y AUTOVALIDACIÓN

- La invalidación es hacer o decir algo que hace que la otra persona sienta que sus sentimientos, emociones e incluso todo su sentido de sí mismo estén mal y sean poco razonables. Las personas que han sido invalidadas regularmente durante su infancia desarrollan problemas emocionales y mentales severos en su vida adulta. Están en riesgo de desarrollar un trastorno mental, practicar comportamientos invalidadores ellos mismos, tener un débil sentido de sí mismos y dudar de sí mismos constantemente.

- Las personas que invalidan a otras generalmente lo hacen por dos razones. Primero, quieren hacer el bien, pero no conocen la mejor manera de validar a alguien más, por lo que terminan minimizando, juzgando o negando los problemas de los demás. Sin embargo, existe otro grupo de personas que invalidan intencionalmente a otras personas, para hacerlos pasar por locos. Aquí, las personas entrenan a otros para que duden de su sentido de percepción de las cosas al invalidarlas de manera continua.

- Algunas de las maneras más comunes en las que podríamos invalidar a otros incluyen usar un lenguaje socavado, tener actitudes moralistas, tratar de arreglar los problemas de otras personas cuando solo quieren ser escuchados, etc. Evita usar palabras como "pero" al reemplazarla con "y" mientras también tienes cuidado de tu tono al conversar. No hagas uso del juicio y recuerda que no te están pidiendo una solución, la otra persona simplemente quiere que sus pensamientos sean escuchados.

- Cuando alguien te invalida, es esencial establecer límites claros, especialmente si la otra persona es cercana a ti. Si no, podrías simplemente escoger terminar la conversación y poner un alto al contacto. Pero si son cercanos, querrás usar calmadamente afirmaciones de "yo" para transmitir cómo te hizo sentir la invalidación y fijar límites que establezcan cómo quieres ser tratado en el futuro.

- Cuando otra persona no te da la validación que quieres, practica la autovalidación. Usa afirmaciones, diarios, practica la reflexión positiva o puedes incluso usar el modelo de seis pasos de Linehan por ti mismo. Todas estas prácticas te ayudan a ser autosuficiente y menos dependiente de otras para afirmar tus pensamientos y emociones.

CAPÍTULO 4. VALIDACIÓN Y CONFLICTOS

- Una cosa es validar as alguien cuando sus quejas tienen en la mira a alguien más. Es algo completamente diferente validar cuando eres la fuente de sus frustraciones. Otro escenario desafiante es validar a alguien cuando están apoyando visiones o pensamientos que son normalmente aborrecibles por ti. Sin embargo, en ambos casos es esencial que nos enfoquemos en la persona y no en el contenido de su argumento. Siempre recuerda que la validación no es un acuerdo; puedes validar sin aceptar la visión de alguien.

- Existen tres pasos básicos que puedes seguir al tratar de validar a alguien que vocifera afirmaciones inaceptables. Primero, trata de entender su emoción y punto de vista antes de intentar hacer entender tu propio punto. Segundo, enfócate en la persona, por lo que están pasando y sobre qué se afincan antes de juzgar. Tercero, enfócate y trata de encontrar puntos en común entre los dos. Incluso si parece no haber ninguno, siempre lo hay. Solo tienes que evitar que te desinterese tanto la conversación al punto que dejas de buscar.

- Es fácil sentir que estás haciendo algo mal al validar a alguien que dice cosas que de perturban u horrorizan, pero es importante tener en cuenta que la validación no significa estar de acuerdo. Es esencial que reconozcamos que todo el mundo tiene una realidad emocional interna que es válida y no tenemos derecho a juzgar a las personas por eso, especialmente cuando no hemos tomado el tiempo y esfuerzo para entenderlos apropiadamente.

- Validar a alguien que está molesto contigo es una habilidad sutil pero altamente útil. La forma principal de hacer esto es recordándote constantemente que el punto no es ganar un argumento ni establecer tu superioridad sobre la otra persona. Solo estás permitiendo que la otra persona se exprese y aceptando sus emociones incluso si no estás de acuerdo con ella. Escúchalas atentamente, acepta la responsabilidad de tus acciones, ofrece un lado de las cosas calmadamente y sin invalidar lo que se ha dicho, y termina la conversación con más validación y enmarcando el asunto como un problema de "nosotros" en lugar de "yo contra ti".

CAPÍTULO 5. EMPATÍA: MÁS ALLÁ DE LA VALIDACIÓN

- La empatía y la validación son dos conceptos sumamente cercanos. La validación es cuando transmitimos nuestra aceptación de las experiencias y emociones de otra persona, mientras que la empatía es cuando vemos el mundo como lo hacen ellos y en serio nos ponemos en sus zapatos. Uno puede validar sin ser empático y viceversa. Sin embargo, al unirlos ambos conceptos obtenemos una poderosa combinación que puede elevar instantáneamente el ánimo de alguien al hacerlo sentir visto y escuchado.

- Cultivar la empatía en nosotros mismos es algo que todos nosotros deberíamos esforzarnos por hacer. Existen tres pasos principales para ello. Primero, debemos tener una mentalidad abierta. Segundo, debemos aprender a caminar en los zapatos de otros. Tercero, debemos comunicar nuestra aceptación de su experiencia de un modo apropiado.

- Ser de mentalidad abierta es una virtud comúnmente glorificada con la que muchos de nosotros podemos luchar. Tendemos a tener dificultades entendiendo las maneras en las que diferentes personas perciben el mundo y expresan sus emociones cuando estas entran en conflicto con nuestras propias visiones. La mejor manera de remediar esto es simplemente hablar con diferentes personas con diferentes trasfondos y puntos de vista. Exponte a diferentes discursos y maneras de entender las cosas. Viaja lejos si puedes, y familiarízate con las culturas donde las cosas se hacen de manera diferente a cómo lo haces tú.

- Caminar en los zapatos de alguien más requiere que le prestemos tanta atención como sea posible para poder entender de donde provienen y qué influencias están en juego. Debemos suspender nuestras propias visiones y ver desde los lentes de alguien más. Una gran manera de inculcar esta habilidad es simplemente leer ficción. Esto te ubica en la mente de un personaje que no eres tú y puedes observar cómo ellos describen eventos, emociones y pensamientos.

- Por último, nuestro entendimiento solo vale de algo cuando podemos comunicarlo bien. Ten cuidado con las señales verbales y no verbales que envías. Respeta los límites cuando son reivindicados y trata de recordar las cosas que son compartidas contigo.

CAPÍTULO 6. COMUNICACIÓN EMPÁTICA

- La clave para validar efectivamente a alguien es ser capaz de comunicarte de manera empática. Pero, ¿qué es la comunicación realmente? Esencialmente es el paso de un mensaje entre un remitente y un receptor. El mensaje debe estar enmarcado de manera que sea entendible para el receptor. Uno de los elementos clave para una comunicación exitosa es que el hablante debe tener empatía. Por ende, para asegurarte de que tus palabras están siendo comunicadas efectivamente, debes ser empático, lo que significa que debes hacer un esfuerzo por entender al receptor y las mejores maneras de ajustar el mensaje para ellos.

- Así como tenemos la comunicación empática, también tenemos la escucha empática. La escucha empática es muy similar a la escucha activa, donde todo tu enfoque está dedicado solo al hablante. Hay diferentes tipos de escucha empática como al hacer espacio, reflejar y reaccionar.

- Cuando haces espacio, suspendes tu propio ego y "haces espacio" para el mensaje que está siendo entregado a través de señales verbales y no verbales. Cosas como el contacto visual y tener un lenguaje corporal receptivo son ejemplos de hacer espacio.

- Cuando reflejamos, estamos devolviendo lo que alguien nos ha dicho directamente a ellos. Esta es la mejor y más sencilla manera de hacer que alguien se sienta escuchado y entendido porque les ofrece una prueba de que has estado escuchando. Trata de mantener tus propios aportes fuera de la ecuación cuando reflejes y simplemente enfócate en proyectar las mismas emociones y palabras que están siendo expresadas hacia ti.

- Reaccionar es la forma más común de escuchar, pero también es la forma en la que hacemos uso de una mayor precaución. Las reacciones no deben ser extensas o algo mayor. Pueden ser sutiles, como cuando asentimos con la cabeza junto al hablante. Como al reflejar, nuestras reacciones no deben ser sobre nuestros propios puntos de vista, sino indicaciones de que hemos entendido los puntos de vista de la otra persona.

www.ingramcontent.com/pod-product-compliance
Lightning Source LLC
Chambersburg PA
CBHW071240070526
44583CB00017B/2263